1 Ernährung bei chronischer Gastritis

Diese Empfehlungen bitte immer mit Ernährungsberater/in, Arzt oder Diätologen/in absprechen! Die Rezepte und Zutatenlisten unterstützen die medizinischen Therapien.

Die Kalorienangaben frischer Zutaten (Obst und Gemüse) und die Inhaltsstoffe schwanken je nach Qualität und Erntezeit. Die Inhalte wurden von einer Diätologin und einer Ernährungsberaterin für die Traditionelle Chinesische Medizin (TCM) geprüft.

Autor:

Liebe Leserinnen und Leser, ich wünsche Ihnen viel Erfolg und gutes Gelingen bei der Umstellung Ihrer Ernährung. Dieses Buch wurde aus eigener Erfahrung mit Krankheit und Ernährung geschrieben und ich habe schon immer das Zubereiten guter Speisen geschätzt. Wenn Sie nicht so geübt sind im Kochen, empfiehlt sich ein Kurs bei Ernährungsberatern oder Diätologen, die Ihnen die Grundlagen der Kochmethoden sowie die richtige Verarbeitung der Zutaten vermitteln können. Anhand der Lebensmittellisten aus diesem Buch können Sie weitere Rezepte entwickeln und entdecken.

Quelle:
Die Listen werden aus der EBNS-Datenbank für die Ernährungsberatung generiert. Die Datenbank wird von Ernährungsberater, Therapeuten und Ärzte für die Beratung der Patienten/Klienten verwendet und ermöglicht eine Kombination mehrerer Syndrome

Literaturliste:
Wir haben die Unterlagen als Wissensbasis genutzt und an unsere Erfahrungen angepasst und ergänzt.
www.ebns.at

AF211528

Herstellung und Verlag:
BoD – Books on Demand, Norderstedt
ISBN: 9783837056488

DIÄTETIK - Gastrointestinaltrakt - Magen und Zwölffingerdarm - Chronische Gastritis

(Buch: 030)

Vorwort

Die Weltgesundheitsorganisation (WHO) davon spricht, dass bis zu 80% der Erkrankungen durch äußere Faktoren wie Ernährung, Lebensstil, Umweltgifte und dergleichen beeinflusst werden.

Welche Faktoren also jeder einzelne von uns aktiv beeinflussen kann und somit seine Chancen auf Erhöhung der allgemein Gesundheit erzielen kann, darum geht es auf den folgenden Seiten.

Der Fokus in diesem Buch liegt auf dem Faktor mit der größten Hebelwirkung - der Ernährung.
Schon Hippokrates hat einst gesagt “Lass die Nahrung deine Medizin sein und Medizin deine Nahrung!” Kräuterpädagog:innen heute sagen so: “Es gibt für jede Krankheit das richtige Kraut.”

Egal wie wir es drehen und wenden, wir sind was wir essen (und was unser Essen gegessen hat). Der moderne Mensch sieht sich gerne isoliert von seiner Umwelt. Wir entstehen aus unserer Umwelt, wir leben inmitten von ihr und wenn wir sterben gehen wir wieder in unsere Umwelt über. Während wir leben essen wir das, was in unserer Umwelt wächst (oder in Fabriken chemisch erzeugt wird). Diese Nahrung liefert die Energie und Bausteine, für den eigenen Körper, für den Stoffwechsel, Zellerneuerung, den Hormonhaushalt und damit für unser gesamtes Sein, die Gesundheit und unser Empfinden.

Hier ein paar Grundbausteine, bevor in dem Buch noch näher auf Ernährungsfaktoren eingegangen wird, die sozusagen der kleinste gemeinsame Nenner der meisten Ernährungsphilosophien sind:

- Saisonalität
    - Winterpflanzen, wie zum Beispiel verschiedene Kohlgewächse, versorgen uns mit Unmengen von Vitamin C und Bitterstoffen. Zwei Faktoren, die unser Immunsystem bei der Abwehr von der Kälte und den typischen Infekten in der Winterzeit unterstützen.
    - Sommerpflanzen wie zum Beispiel Gurken, Tomaten aber auch Zitrusfrüchte kühlen unseren aufgeheizten Körper und versorgen uns mit viel Wasser.
    - Außerdem müssen bei saisonalen Pflanzen weniger chemische Helferlein eingesetzt werden, da die passenden Umweltfaktoren das Wachstum sowieso fördern.
- Regionalität
    - Damit einher geht auch der Faktor der Regionalität. Regionale pflanzliche Lebensmittel werden reif geerntet und haben somit alle Nährstoffe entwickeln können. Im Gegensatz dazu wird Obst und Gemüse aus ferneren Ländern unreif geerntet und nur durch den Einsatz von chemischen Mitteln unnatürlich "nachgereift" - bzw. nur nach-gefärbt. Die Dichte der Nährstoffe und auch der Geschmack kann dabei niemals mit regionalen Lebensmitteln mithalten. (Sie haben es vielleicht schon selber erlebt, dass eine Südfrucht aus dem jeweiligen Ursprungsland dort im Urlaub viel süßer und vollmundiger schmeckt als die gleiche Frucht aus dem zentraleuropäischen Supermarkt).

- Pflanzenbasierte Ernährung
    - Ja, diese Basis teilen selbst die Anhänger der Fleischdiät mit den Veganern. Denn bei der Fleischdiät geht es auch um Fleisch von Tieren, die sich artgerecht, sprich von vielen Gräsern und Kräutern ernährt haben. Die Masse an Getreide in der heutigen Ernährung - egal ob bei Mensch oder Tier - entspricht nicht der natürlichen Ernährungsweise. Sie macht uns krank, dick und manche behaupten sogar dumm (das weist auf die Schädigung der neuronalen Netzwerke hin, die durch den Konsum von Kohlenhydraten passiert hin). Pflanzen im Sinne von Gemüse, Kräutern, Salaten, Sprossen, in geringen Mengen Obst, Nüsse, Samen, etc. liefern neben den viel beschriebenen Vitaminen und Mineralstoffen vor allem sekundäre Pflanzenstoffe, die herausragende Heilwirkung haben. So werden eine Vielzahl unserer Medikamente auf Basis der natürlich vorkommenden Pflanzenstoffe nachgebaut. Allerdings sind da diverse Säuren und andere Wirkstoffe extrahiert und wirken nur alleine - mit den Pflanzen selbst nehmen wir sie in einer reichhaltigen und sich gegenseitig verstärkenden Kombination vielerlei wirksamer Stoffe zu uns.

Ja zusätzlich zu diesen 3 großen Punkten gibt es immer noch sehr viel zu beachten. Ein optimales Verhältnis von Omega 3 zu Omega 6 Fettsäuren (empfohlen wird 1:3), eine individuell und situationsbedingte Eiweißversorgung und so weiter.

Eine ganz gute und einfache Richtlinie für die alltägliche Ernährung bietet der ideale Teller. Der sieht so aus, dass möglichst jede Mahlzeit zur Hälfte aus pflanzlichen Bestandteilen besteht, ein Viertel der Eiweißversorgung dient und ein Viertel die Mahlzeit durch gute Fette und eventuell Kohlenhydrate abrundet.

Die Feinjustierung rund um die Zubereitungsarten, die Zusammenstellungen und so weiter sehe ich als sehr individuell an. Es gibt meines Erachtens nicht die 1 perfekte Ernährung. Es gibt so viele großartige Philosophien und Studien, die alle wunderbare Heilungen berichten und sich dabei aber gegenseitig ausschließen. Was auf den ersten Blick vielleicht paradox wirkt, eröffnet bei näherer Betrachtung ganz viele Möglichkeiten des Probierens und neuer Chancen.

Neben der Ernährung werden noch folgende Faktoren genannt:

- die Giftstoffbelastung in unserer Umwelt sowie in Pflegeprodukten oder eben in der Ernährung
- eine Balance aus Aktivität, (kurzzeitigem) Stress und der Entspannung wie auch Schlaf
- Aufarbeitung der emotionalen Wunden aus der Vergangenheit und Steigerung der Resilienz
- Biologische Zahnheilkunde
- eine optimierte Versorgung durch Heilkräuter, Heilpilze udgl.
- Früherkennung durch bewährte und schonende Verfahren

1.1 Beschreibung

Helicobacter pylori (Bakterium). Symptome: Manche ohne Beschwerden, sonst wie bei akuter Gastritis: Krampfartige Schmerzen und Druck im Oberbauch, besonders nach dem Essen; Übelkeit und Erbrechen.

1.2 Therapiestrategie

Körperliche Ruhe und ausgeglichene Lebensweise.
Individuelle Kost. Sehr Süßes und fallweise Milch sind Säureblocker.

1.3 Vermeiden

Nikotin, Alkohol, starker Bohnenkaffee, kohlensäurereiche Getränke, scharfe Gewürze, Gepökeltes, Geräuchertes.

2 Speiseplan

Kkal. p. Portion

2.1 Frühstück

Astronautenkost	1045,0
Aufgeschlagene Banane	144,0
Bananen-Sojamilch	125,8
Buddhistische Reissuppe	279,8
Couscous-Salat	338,2
Fenchel-Reissuppe	155,9
Geröstete Hirse mit Stangensellerie	400,1
Gerstenschrotsuppe	265,4
Getreidekaffee mit Kardamom	3,6
Gewürzkuchen mit Datteln	807,7
Grießbrei mit Banane	307,3
Hüttenkäse mit gedünstetem Obst	214,5
Karotten- Reisschleimsuppe	101,0
Karotten-Risotto	308,5
Kartoffel-Basilikumsuppe	95,6
Kohlrabi in Kerbelsoße mit Kartoffeln	187,7
Kompott aus Äpfeln	67,3
Kürbis-Joghurt-Suppe	68,2
Kuzuwasser	6,8
Magentee	3,0
Reis mit Pastinake	206,5
Reisbrei mit Hiobsträne (Samen) Yi Yi Ren	211,5
Reis-Dulse-Suppe	190,9
Selleriesaft	33,4
Smoothie mit Spinat Banane und Kiwi	86,8
Tee aus Anissamen	2,8
Tee aus Fenchel	0,0
Tee aus Grüntee	3,0
Tee aus Käsepappel	0,0
Tee aus Malven	0,0
Traubensaft mit heißem Wasser	43,8
Tsampa	139,8
Vanillepudding	254,7

2.2 Jause

Baby Bananenbrei	235,6
Gewürzkuchen mit Datteln	807,7

Karotten mit Kartoffelschnee 316,1

2.3 Mittag

Apfelmus mit Rosinen 73,6
Astronautenkost 1045,0
Aufgeschlagene Banane 144,0
Baby Zartes Fenchel-Gemüse 70,2
Bananen-Sojamilch 125,8
Basmatireis + Zucchini-Tofupfanne 145,9
Buddhistische Reissuppe 279,8
Couscous-Salat 338,2
Fenchel-Kartoffel-Auflauf 147,0
Fenchel-Reissuppe 155,9
Geröstete Hirse mit Stangensellerie 400,1
Gerstenschrotsuppe 265,4
Getreidekaffee mit Kardamom 3,6
Grießbrei mit Banane 307,3
Hühnersuppe mit Eigelb und Petersilie 117,8
Hüttenkäse mit gedünstetem Obst 214,5
Karotten mit Kartoffelschnee 316,1
Karotten- Reisschleimsuppe 101,0
Karotten-Risotto 308,5
Kartoffel-Basilikumsuppe 95,6
Kohlrabi in Kerbelsoße mit Kartoffeln 187,7
Kompott aus Äpfeln 67,3
Kürbis-Joghurt-Suppe 68,2
Kuzuwasser 6,8
Magentee 3,0
Nudelsuppe 236,8
Reis mit Pastinake 206,5
Reisbrei mit Hiobsträne (Samen) Yi Yi Ren 211,5
Reis-Dulse-Suppe 190,9
Rosmarinkartoffeln 188,7
Selleriesaft 33,4
Tee aus Anissamen 2,8
Tee aus Fenchel 0,0
Tee aus Grüntee 3,0
Tee aus Käsepappel 0,0
Tee aus Malven 0,0
Traubensaft mit heißem Wasser 43,8
Tsampa 139,8

2.4 Nachmittag

2.5 Abend

3 Rezepte

empfehlenswert = Sie können mehr verwenden
wenig = wenn möglich weniger verwenden
weniger als angegeben = möglichst nicht verwenden

3.1 Apfelmus mit Rosinen

Stoppt Durchfall, fördert Verdauung, Appetit anregend, aktiviert den Kohlenhydratstoffwechsel.

Anzahl Portionen: 10
Kalorien p. Portion 74
Gramm p. Portion 115
Kochdauer ca. 25 Min.
Allergene: O
(Kohlehydrat:95,67% / Eiweiß & Fett:4,33%)
100g.≈ Eiweiß 0,32g. Fett:0,43g.
µg. - Ph:1,43 Na:0,36 Ka:15,92 Mg:0,6 Ca:0,79 Fe:0,04 Zn:0 Col.:0 Hsr.:1,39

Zutaten:
Apfel (süß) 1 Kg / 1000g. (wenig)
Wasser 100 ml. / 100g. (ja)
Rosinen 50 g. / 50g. (wenig)

Kochanleitung:
Die Äpfel waschen, schälen, vierteln und dabei das Kerngehäuse entfernen. Mit dem Wasser in einen Topf geben und die mit heißem Wasser abgewaschenen Rosinen dazugeben. Bei schwacher Hitze etwa 10 Min. dünsten und abkühlen lassen. Für Kinder bis zu 10 Monaten das Mus im Mixer fein pürieren. Für die Größeren mit dem Kartoffelstampfer zerdrücken. In Tiefkühlbeutel oder leere Joghurtbecher füllen und verschließen. Im Tiefkühlfach einfrieren und bei Bedarf bei Zimmertemperatur etwa 6 Std. auftauen lassen (ca. 4 Monate haltbar). Das Obstmus ist als Nachtisch oder Zwischenmahlzeit gedacht. Es wirkt verdauungsfördernd. Bei Durchfall lieber Bananenmus geben.

3.2 Astronautenkost

Eiweißreiche Trinknahrung mit sehr hoher Energiedichte. Optimierter Eiweißanteil gleicht Stickstoffverluste aus und fördert die Proteinanabolie.

Anzahl Portionen: 1
Kalorien p. Portion 1.045
Gramm p. Portion 250
Kochdauer ca. 5 Min.
(Kohlehydrat:39,13% / Eiweiß & Fett:60,87%)
100g.≈ Eiweiß 115g. Fett:25g.
µg. - Ph:900 Na:290 Ka:1070 Mg:0 Ca:0 Fe:0 Zn:0 Col.:0 Hsr.:0

Zutaten:
Astronautenkost 1 Paket / 250g. (ja)

Kochanleitung:
Nur nach Anweisung des Arztes oder Therapeuten verwenden.

3.3 Aufgeschlagene Banane

2 x tgl. essen, reguliert Magen-Darm-Funktion, wirkt stopfend.

Anzahl Portionen: 1
Kalorien p. Portion 144
Gramm p. Portion 150
Kochdauer ca. 7 Min.
(Kohlehydrat:94,54% / Eiweiß & Fett:5,46%)
100g.≈ Eiweiß 1,65g. Fett:0,3g.
µg. - Ph:28 Na:1 Ka:393 Mg:36 Ca:9 Fe:0,6 Zn:0,2 Col.:0 Hsr.:25

Zutaten:
Banane 1 Stück / 150g. (empfehlenswert)

Kochanleitung:
Banane mit der Gabel zerdrücken oder mit einem Mixstab pürieren. Mindestens 5 Min. braun werden lassen.

3.4 Baby Bananenbrei

Reguliert Magen-Darm-Funktion, schont die Verdauungsorgane, entgiftet, gut bei Appetitlosigkeit, Blähungen, Darmentzündungen.

Anzahl Portionen:	1
Kalorien p. Portion	236
Gramm p. Portion	255
Kochdauer ca.	10 Min.
Allergene:	AG

(Kohlehydrat:73,65% / Eiweiß & Fett:26,35%)
100g.≈ Eiweiß 3,45g. Fett:8,92g.
µg. - Ph:36,12 Na:1,63 Ka:183,45 Mg:24,69 Ca:9,47 Fe:0,25 Zn:0,14 Col.:9,41 Hsr.:23,92

Zutaten:
Wasser 125 ml. / 125g. (ja)
Weizen Flocken 20 g. / 20g. (ja)
Banane 100 g. / 100g. (empfehlenswert)
Butter Bio 1 EL / 10g. (ja)

Kochanleitung:
Das Wasser mit den Flocken in einem kleinen Topf verrühren. Bei schwacher Hitze zum Kochen bringen, 1-2 Min. kochen lassen und dann von der Kochstelle nehmen. Die Banane in den Topf schneiden, die Butter zugeben und mit einem Mixstab pürieren. Den Bananenbrei in einen Teller füllen und das Baby mit dem Löffel füttern. (Der Nachmittagsbrei wird grundsätzlich nur mit Wasser gekocht. Daher ist es umso wichtiger, die Fettzugabe nicht zu vergessen, denn sonst hat Ihr Baby lange vor der nächsten Mahlzeit schon wieder Hunger.) Sie können statt Butter auch Maiskeimöl nehmen. Besonders dann, wenn der Brei nicht mehr so heiß ist, verteilt sich das Öl leichter und angenehmer. Wenn Sie statt Weizenflocken Buchweizen-, Hirse-, Mais- oder Reisflocken verwenden, ist der Brei glutenfrei.

3.5 Baby Frischer Vollkornbrei

Reguliert Magen-Darm-Funktion, entzündungshemmend, lindert Schmerzen, entgiftet, bakterizid.

Anzahl Portionen:	1
Kalorien p. Portion	337
Gramm p. Portion	348
Kochdauer ca.	15 Min.
Allergene:	AG

(Kohlehydrat:75,5% / Eiweiß & Fett:24,5%)
100g.≈ Eiweiß 10,73g. Fett:7,49g.
µg. - Ph:94,72 Na:68,65 Ka:251,94 Mg:28,7 Ca:76,06 Fe:0,59 Zn:0,33 Col.:3,45 Hsr.:14,37

Zutaten:
Dinkel Vollkornmehl 25 g. / 25g. (wenig)
Kuhmilch (Vollmilch 3,5 % Fett) 200 ml. / 200g. (wenig)
Honig 1 TL / 3g. (wenig)
Banane 1 Stück / 120g. (empfehlenswert)

Kochanleitung:
Die Getreidekörner in einer Getreidemühle mehlfein mahlen. Sie können eventuell auch eine Kaffeemühle benutzen, sollten dann aber zweimal mahlen. Das Mehl mit der Milch in einem Topf anrühren und bei mittlerer Hitze zum Kochen bringen. Den Brei bei schwacher Hitze 4-5 Min. unter Rühren leicht kochen lassen. Dann den Honig zufügen. Die Banane mit einer Gabel ganz fein zerdrücken und ebenfalls unter den Brei ziehen. Den Brei in einen Teller füllen und etwas abkühlen lassen.

3.6 Baby Zartes Fenchel-Gemüse

Lindert Verstopfung, regt Nerven an, lindert Entzündungen, verbessert Durchblutung, regeneriert Haut, fördert Verdauung, harntreibend.

Anzahl Portionen:	2
Kalorien p. Portion	70
Gramm p. Portion	90
Kochdauer ca.	25 Min.
Allergene:	G

(Kohlehydrat:45,79% / Eiweiß & Fett:54,21%)
100g.≈ Eiweiß 1,74g. Fett:4,28g.
µg. - Ph:21,28 Na:24,36 Ka:185,03 Mg:16,39 Ca:31,75 Fe:0,81 Zn:0,07 Col.:3,33 Hsr.:7,08

Zutaten:
Kartoffel 1 Stück / 50g. (empfehlenswert)
Fenchel 100 g. / 100g. (empfehlenswert)
Wasser 2 EL / 20g. (ja)
Butter Bio 1 EL / 10g. (ja)

Kochanleitung:
Die Kartoffel waschen und mit einem Sparschäler schälen. In etwa 2 cm große Würfel schneiden. Den Fenchel waschen, fleckige, dunkle Stellen entfernen und die Knolle kleinschneiden. Beides mit 2 EL Wasser in einem kleinen Topf zum Kochen bringen. Bei schwacher Hitze in etwa 15 Min. garen. Das Gemüse mit dem Pürierstab fein pürieren und dabei die Butter unterrühren. Fenchel beruhigt den Magen und beugen Blähungen vor. Außerdem enthält Fenchel besonders viel Vitamin C und Folsäure. Eine ideale Mahlzeit für kranke Kinder.

3.7 Bad mit Lavendel

Beruhigend, regeneriert das zentrale Nervensystem. Gut bei Unruhezuständen, Einschlafstörungen, Appetitlosigkeit und nervösen Darmbeschwerden.

Anzahl Portionen: 2
Kalorien p. Portion 0
Gramm p. Portion 2,5
Kochdauer ca. 10 Min.
Allergene:
(Kohlehydrat:0% / Eiweiß & Fett:0%)
100g.≈ Eiweiß 0g. Fett:0g.
µg. - Ph:0 Na:0 Ka:0 Mg:0 Ca:0 Fe:0 Zn:0 Col.:0 Hsr.:0

Zutaten:
Lavendelblüten 1 Säckchen / 5g. (ja)

Kochanleitung:
Bad einlassen und ein zugebundenes Stoffsäckchen mit dem Lavendel in das Wasser geben und 10 Minuten ziehen lassen. Das Säckchen kann mehrmals ausgedrückt werden, bevor man es herausnimmt.

3.8 Bananen-Sojamilch

Gut bei Appetitlosigkeit, Mundschleimhautentzündung. Stärkt Körperenergie, fördert Verdauung, lindert Schmerzen, entgiftet, bakterizid.

Anzahl Portionen: 2
Kalorien p. Portion 126
Gramm p. Portion 263
Kochdauer ca. 5 Min.
Allergene: E
(Kohlehydrat:59,53% / Eiweiß & Fett:40,47%)
100g.≈ Eiweiß 7,49g. Fett:4,14g.
µg. - Ph:21,94 Na:251,11 Ka:110,08 Mg:13,31 Ca:9,78 Fe:0,4 Zn:0,11 Col.:0 Hsr.:33,68

Zutaten:
Banane 1 Stück / 120g. (empfehlenswert)
Sojabohnenmilch 400 ml. / 400g. (wenig)
Honig 1 TL / 3g. (wenig)
Zimtpulver 1 Prise / 1g. (ja)
Acerola Fruchtnektar oder Pulver 1 TL / 2g. (wenig)

Kochanleitung:
Banane in Stücke schneiden, mit Sojamilch, Acerola, Honig und Zimt mit dem Mixstab pürieren.

3.9 Basmatireis + Zucchini-Tofupfanne

Harntreibend, harmonisiert Milz und Magen, lindert Blähungen. Gut bei Übergewicht und Bluthochdruck. Antioxidativ, fördert Verdauung, entgiftet, stärkt Säfteproduktion, treibt Schweiß, reduziert Blutfett, stärkt Magen.

Anzahl Portionen:	4
Kalorien p. Portion	146
Gramm p. Portion	306,75
Kochdauer ca.	20 min.
Allergene:	E

(Kohlehydrat:56,62% / Eiweiß & Fett:43,38%)
100g.≈ Eiweiß 7,95g. Fett:4,89g.
µg. - Ph:13,21 Na:0,7 Ka:33,77 Mg:10,99 Ca:11,98 Fe:0,34 Zn:0,02 Col.:0 Hsr.:7,75

Zutaten:
Soja Tofu 250 g. / 250g. (wenig)
Olivenöl 2 EL / 6g. (wenig)
Koriander 1/2 TL / 4g. (ja)
Ingwer frisch 1/2 TL / 4g. (weniger als angegeben)
Reis Basmatireis 1/2 Tasse / 60g. (ja)
Wasser 3 Tassen / 200g. (ja)
Zucchini 1 Stück / 700g. (empfehlenswert)

Kochanleitung:
Tofu würfelig schneiden und mit Olivenöl, Tamari, zerstoßenem Koriander und Ingwer marinieren und mindestens 1 Std. ziehen lassen. Basmatireis im Wasser kochen und evtl. mit Zwiebel und Kardamom würzen. Zucchini und Tofu in einer Pfanne in heißem Öl ca. 5-7 Min. rösten und auf Tellern getrennt vom Reis anrichten. Petersilie drüberstreuen. Kann auch kalt als Salat für zuhause oder unterwegs verwendet werden.

3.10 Buddhistische Reissuppe

Leicht abführend. Hilft bei: Durchblutungsstörungen, Thrombose, Emboliegefahr, Bluthochdruck, Kopfschmerzen, Herzinfarkt und Schlaganfall.

Anzahl Portionen:	2
Kalorien p. Portion	280
Gramm p. Portion	301,5
Kochdauer ca.	2-4 Stunden
Allergene:	G

(Kohlehydrat:79,85% / Eiweiß & Fett:20,15%)
100g.≈ Eiweiß 6,52g. Fett:5,84g.
µg. - Ph:21,61 Na:5,92 Ka:25,42 Mg:7,89 Ca:14,11 Fe:0,08 Zn:0,06 Col.:1,29 Hsr.:12,94

Zutaten:
Reis Sorte beliebig 1 Tasse / 120g. (ja)
Wasser 3 Tassen / 350g. (ja)
Butter Bio 1 EL / 10g. (ja)
Honig 1 TL / 3g. (wenig)
Kuhmilch (1,5 % Fett) 1 Tasse / 120g. (ja)

Kochanleitung:
Den Reis im Wasser kurz aufkochen und dann auf kleinster Stufe zugedeckt 2-4 Std. köcheln lassen. Am Ende der Kochzeit kann nach Belieben etwas Milch, Honig und Butter untergemengt werden. Dieses Grundrezept lässt sich geschmacklich (süß, salzig) beliebig erweitern. Die angegebene Menge reicht ca. für 4 Tage (im Kühlschrank aufbewahren). Variante: Mit Zimt oder Vanille lässt sich der Geschmack verfeinern.

3.11 Couscous-Salat

Bakterizid, beugt Krebs vor, stärkt Magensaftproduktion, fördert Verdauung, regt Leberfunktion an, senkt Blutdruck, stärkt Immunsystem, reduziert Strahlenverletzungen, harntreibend.

Anzahl Portionen:	3
Kalorien p. Portion	338
Gramm p. Portion	285,67
Kochdauer ca.	25 Min.
Allergene:	A

(Kohlehydrat:75,44% / Eiweiß & Fett:24,56%)
100g.≈ Eiweiß 12,22g. Fett:7,11g.
µg. - Ph:15,3 Na:17,27 Ka:83,68 Mg:6,5 Ca:21,3 Fe:0,46 Zn:0,07 Col.:0 Hsr.:13,69

Zutaten:
Wasser 250 ml. / 100g. (ja)
Olivenöl 1 EL / 15g. (wenig)
Couscous 200 g / 200g. (ja)
Zitrone Saft 3 EL / 30g. (weniger als angegeben)
Zitrone Schale 1 TL / 2g. (weniger als angegeben)
Tomate 2 Stück / 80g. (wenig)
Gurke 100 g. / 100g. (wenig)
Karotte (Mohrrübe, Möhre) 100 g. / 100g. (empfehlenswert)
Petersilie 1 Bund / 100g. (empfehlenswert)
Lauchzwiebel Schnittlauch 1 Bund / 100g. (weniger als angegeben)
Pfefferminze 3 Äste / 30g. (ja)

Kochanleitung:
In einem kleinen Topf 250 ml Wasser mit Salz und 1 EL Olivenöl zum Kochen bringen. Couscous einrühren, vom Herd nehmen und zugedeckt 5 Min. quellen lassen. Couscous zurück auf den Herd stellen und bei milder Hitze weitere ca. 2 Min. unter ständigem leichten Rühren ziehen lassen. Eventuell noch 1-3 EL heißes Wasser untermischen. Couscous mit Zitronensaft, kleingehackter Zitronenschale und 1 EL Öl vermischen, mit Salz und Pfeffer abschmecken und etwas durchziehen lassen. Couscous mit gewürfelten Tomaten und Gurken, geriebenen Karotten, Petersilie, Schnittlauch und Minze (fein gehackt) vermischen. Couscous-Salat mit Zitronensaft, Salz und Pfeffer abschmecken.

3.12 Fenchel-Kartoffel-Auflauf

Lindert Entzündungen, verbessert Durchblutung, verbessert Verdauung, harntreibend, senkt Cholesterinspiegel. Gut bei Appetitlosigkeit, Blähungen, Darmentzündungen, Sodbrennen. Stärkt Magensaftproduktion.

Anzahl Portionen:	2
Kalorien p. Portion	147
Gramm p. Portion	230,5
Kochdauer ca.	1 1/2 Stunden
Allergene:	CGL

(Kohlehydrat:68% / Eiweiß & Fett:32%)
100g.≈ Eiweiß 5,72g. Fett:5,42g.
µg. - Ph:15 Na:12,98 Ka:80,91 Mg:13,52 Ca:40,41 Fe:0,41 Zn:0,09 Col.:7,81 Hsr.:3,64

Zutaten:
Fenchel 200 g. / 200g. (empfehlenswert)
Kartoffel 125 g. / 125g. (empfehlenswert)
Grundrezept für eine Gemüsebrühe 100 ml. / 100g. (empfehlenswert)
Butter Bio 1 TL / 3g. (ja)
Reismehl 2 TL / 6g. (ja)
Sahne sauer 10% 1 TL / 3g. (ja)
Salz 1 Prise / 1g. (wenig)
Zucker Ursüße (Zuckerrohr) süß 1 Prise / 1g. (wenig)
Huhn Eigelb 1 Stück / 10g. (wenig)
Pfeffer Cayenne 1 Prise / 0,5g. (weniger als angegeben)
Muskatnuss 1 Prise / 0,5g. (ja)
Petersilie 1 TL / 2g. (empfehlenswert)
Lauchzwiebel Schnittlauch 1 TL / 3g. (weniger als angegeben)
Parmesan 1 TL / 3g. (weniger als angegeben)
Butter Bio 1 TL / 3g. (ja)

Kochanleitung:
Kartoffeln in der Schale kochen, abkühlen lassen und dann schälen. Fenchel waschen, Stiele abschneiden und evtl. äußere Blätter entfernen. Fenchelgrün zurückhalten und später mit den anderen Kräutern zur Soße geben. Fenchelknollen ca. 15-20 Min. dünsten. Danach Kartoffeln und Fenchel in Scheiben schneiden und schichtweise in eine gefettete Auflaufform geben. Flüssigkeit aus Fenchelbrühe zum Kochen bringen und mit Mehl binden. Mit Meersalz, Cayennepfeffer, Zucker, Muskat und saurer Sahne abschmecken. Abkühlen lassen und mit Eigelb legieren. Die Soße über den Auflauf verteilen, mit Parmesan, fein gehackter Petersilie und Schnittlauch bestreuen. Alles 30 Min. bei ca. 200 Grad im Backofen überbacken.

3.13 Fenchel-Reissuppe

Stärkt Magen, lindert Verstopfung, regt Nerven an, entgiftet, lindert Entzündungen, verbessert Durchblutung.

Anzahl Portionen:	2
Kalorien p. Portion	156
Gramm p. Portion	234
Kochdauer ca.	15-20 Min.
Allergene:	EG

(Kohlehydrat:88,32% / Eiweiß & Fett:11,68%)
100g.≈ Eiweiß 3,57g. Fett:6,65g.
µg. - Ph:14,68 Na:32,47 Ka:82,14 Mg:105,79 Ca:110,69 Fe:0,54 Zn:0,06 Col.:1,92 Hsr.:4,9

Zutaten:
Grundrezept für eine Reissuppe 300 ml. / 300g. (empfehlenswert)
Fenchel 1/2 Stück / 150g. (empfehlenswert)
Butter Bio 1 EL / 15g. (ja)
Sojasauce 1 Schuss / 3g. (wenig)

Kochanleitung:
Fenchel in der Reissuppe (nach Grundrezept) weich kochen. Vor dem Servieren ein Stück Butter und etwas Sojasoße zugeben.

3.14 Geröstete Hirse mit Stangensellerie

Stärkt Milz und Nieren, harntreibend, stoffwechselfördernd.

Anzahl Portionen: 2
Kalorien p. Portion 400
Gramm p. Portion 228
Kochdauer ca. 30 min
Allergene: L
(Kohlehydrat:82,09% / Eiweiß & Fett:17,91%)
100g.≈ Eiweiß 7g. Fett:2,59g.
µg. - Ph:44,42 Na:8,59 Ka:31,27 Mg:23,88 Ca:11,01 Fe:1,24 Zn:0,24 Col.:0 Hsr.:12,62

Zutaten:

Hirse 1 Tasse / 120g. (ja)
Wasser 2 Tassen / 240g. (ja)
Sellerie Stangensellerie 2 Stangen / 50g. (ja)
Wasser 2 EL / 30g. (ja)
Kräuter verschiedene 1 EL / 10g. (ja)
Salz 1 Prise / 1g. (wenig)
Salbei 3-4 Blätter / 2g. (ja)
Kresse 1 TL / 3g. (empfehlenswert)

Kochanleitung:

Hirse kurz anrösten, mit Wasser übergießen, kurz aufkochen und 20 Min. quellen lassen. Stangensellerie klein schneiden, mit Wasser, Salz und frischen Kräutern 10 Min. kochen und zu der Hirse geben. Frischen Salbei oder Kresse kleingehackt darüberstreuen.

3.15 Gerstenschrotsuppe

Harntreibend, stärkt Magen, befeuchtet Darm, regt Leberfunktion an, antioxidativ, fördert Verdauung, entgiftet, reduziert Blutfett, regt an, löst Stagnation.

Anzahl Portionen: 2
Kalorien p. Portion 265
Gramm p. Portion 201
Kochdauer ca. 25 Min.
Allergene: A
(Kohlehydrat:75,62% / Eiweiß & Fett:24,38%)
100g.≈ Eiweiß 8,17g. Fett:6,42g.
µg. - Ph:56,06 Na:4,73 Ka:103,77 Mg:19,04 Ca:16,65 Fe:0,63 Zn:0,22 Col.:0,01 Hsr.:17,61

Zutaten:
Gerste 1 Tasse / 120g. (ja)
Salz 1 Prise / 1g. (wenig)
Ingwer frisch 1/2 TL / 1g. (weniger als angegeben)
Olivenöl 1 EL / 10g. (wenig)
Petersilie 3 EL / 30g. (empfehlenswert)
Wasser 2 Tassen / 240g. (ja)

Kochanleitung:
Gerste in der Pfanne trocken rösten, anschließend zu Schrot mahlen und mit Wasser, etwas Salz und Ingwer zu einem Brei kochen. Vor dem Servieren Öl und Petersilie unterheben. Variante: Man kann dem Gericht einen noch besseren Geschmack verleihen, indem man es mit vorbereiteter Gemüse- oder Fleischbrühe kocht.

3.16 Getreidekaffee mit Kardamom

Harntreibend, stärkt Magen, befeuchtet Darm, befeuchtet die Haut, entspannt, vermindert Fettgewebe.
Anzahl Portionen: 1
Kalorien p. Portion 4
Gramm p. Portion 136
Kochdauer ca. 5 Min.
(Kohlehydrat:98,58% / Eiweiß & Fett:1,42%)
100g.≈ Eiweiß 0,12g. Fett:0,08g.
µg. - Ph:1,29 Na:1,02 Ka:7,9 Mg:2,49 Ca:5,37 Fe:0,08 Zn:0,09 Col.:0 Hsr.:0

Zutaten:
Getreidekaffee 1 EL / 15g. (ja)
Kardamom 2 Kerne / 1g. (ja)
Wasser 1 Tasse / 120g. (ja)

Kochanleitung:
Wasser, Kaffee, Zucker und Kardamom aufkochen und setzen lassen.

3.17 Gewürzkuchen mit Datteln

Beruhigt Nerven und Magen, fördert Durchblutung. Gut bei Appetitlosigkeit, Blähungen, Darmentzündung, Fettsucht, Gicht, Magengeschwür, Magenkrampf, Rheuma, Sodbrennen.

Anzahl Portionen:	4
Kalorien p. Portion	808
Gramm p. Portion	232,5
Kochdauer ca.	1 1/2 Stunden
Allergene:	ACGO

(Kohlehydrat:71% / Eiweiß & Fett:29%)
100g.≈ Eiweiß 14,11g. Fett:32,91g.
µg. - Ph:38,49 Na:13,51 Ka:54,99 Mg:9,73 Ca:10,38 Fe:0,48 Zn:0,07 Col.:4,87 Hsr.:12,86

Zutaten:

Sonnenblumenöl 100 ml. / 100g. (wenig)
Zucker (weiß, aus Rüben) 200 g / 200g. (wenig)
Kuhmilch (Vollmilch 3,5 % Fett) 100 ml. / 100g. (wenig)
Weizen Mehl 250 g. / 250g. (ja)
Kakao 40 g. / 40g. (wenig)
Datteln getrocknet 50 g. / 50g. (wenig)
Huhn Ei 3 Stück / 180g. (wenig)
Nelke 1/2 TL / 1g. (ja)
Zimtpulver 1 1/2 tl / 3g. (ja)
Muskatnuss 1 Prise / 0,5g. (ja)
Backpulver 1/2 Packung / 1,5g. (ja)
Butter Bio 1 TL / 2g. (ja)
Weizen Mehl 1 TL / 2g. (ja)

Kochanleitung:

Die Eier trennen, Eiweiß steif schlagen und beiseite stellen. Öl, Zucker und Eigelb in eine Schüssel geben und schaumig rühren. Mehl, Kakao und Backpulver zufügen, durchrühren und die Milch nach und nach unterrühren. Nun die kleingehackten Datteln und die Gewürze (die Nelken gemahlen) zur Masse geben und auf kleinster Stufe mit dem Handrührgerät einrühren. Jetzt das steif geschlagene Eiweiß löffelweise vorsichtig mit einem Löffel unterheben und den Teig in eine gefettete, bemehlte Form füllen und 70 Min. bei 200 Grad backen.

3.18 Grießbrei mit Banane

Reguliert Magen-Darm-Funktion, befeuchtet Darm, entzündungshemmend, antiallergisch, kreislaufstabilisierend, kühlt innere Hitze, gut bei Durchblutungsstörungen.

Anzahl Portionen:	1
Kalorien p. Portion	307
Gramm p. Portion	284
Kochdauer ca.	15 Min.
Allergene:	AG

(Kohlehydrat:66,17% / Eiweiß & Fett:33,83%)
100g.≈ Eiweiß 10,58g. Fett:10,73g.
µg. - Ph:116,7 Na:93,56 Ka:218,89 Mg:28,56 Ca:92,08 Fe:0,64 Zn:0,36 Col.:7,61 Hsr.:12,85

Zutaten:
Kuhmilch (Vollmilch 3,5 % Fett) 200 ml / 200g. (wenig)
Dinkel Gries 3 EL / 30g. (ja)
Butter Bio 1 TL / 4g. (ja)
Banane 1/2 Stück / 50g. (empfehlenswert)

Kochanleitung:
Die Hälfte der Milch in einem kleinen Topf erhitzen, Grieß zufügen und aufkochen. Bei schwacher Hitze unter ständigem Rühren 3 Min. ausquellen lassen. Den Topf vom Herd nehmen, nach und nach die übrige Milch mit dem Schneebesen unterschlagen und den Brei in ein Schälchen geben. Die Butter und die zermuste Banane zufügen. Für Erwachsene kann eine Prise Zimt darübergestreut werden.

3.19 Grundrezept für eine Hühnerbrühe

Stärkt Blut, baut Milz und Magen auf, stärkt Knochenmark, senkt Blutdruck, bakterizid, stärkt Immunsystem, beugt Krebs vor, reduziert Strahlenverletzungen, fördert Schwitzen, löst Stagnation. Gut bei Appetitlosigkeit und Blähungen.

Anzahl Portionen:	9
Kalorien p. Portion	90
Gramm p. Portion	244,89
Kochdauer ca.	2-3 Stunden
Allergene:	L

(Kohlehydrat:10,44% / Eiweiß & Fett:89,56%)
100g.≈ Eiweiß 15,69g. Fett:11,57g.
µg. - Ph:7,72 Na:5,27 Ka:16,86 Mg:1,2 Ca:3,41 Fe:0,1 Zn:0 Col.:0,25 Hsr.:8,27

Zutaten:
Huhn Fleisch 1/2 Stück / 600g. (wenig)
Karotte (Mohrrübe, Möhre) 2 Stück / 150g. (empfehlenswert)
Lauch (Porree) 1 Stange / 45g. (weniger als angegeben)
Sellerie Knolle 1 Stück / 500g. (empfehlenswert)
Ingwer frisch 2 Scheiben / 2g. (weniger als angegeben)
Bockshornklee 1 TL / 2g. (ja)
Wacholderbeere 1 TL / 3g. (ja)
Lorbeerblatt 3 Stück / 2g. (ja)
Wasser 1 Liter / 900g. (ja)

Kochanleitung:
Hühnerteile von Fett befreien, in einen Topf mit heißem Wasser geben, kurz aufkochen lassen und entstehenden Schaum abschöpfen. Grob geschnittenes Gemüse und alle Gewürze zugeben und 2-3 Std. bei mittlerer Hitze kochen, dann alles abseihen. Tipp: Wenn Sie das Fleisch als Suppeneinlage verwenden möchten, bereits nach 45 Min. herausnehmen und nur die Knochen in der Suppe lassen.

3.20 Grundrezept für eine nahrhafte Gemüsebrühe

Senkt Blutdruck und Blutfett, bakterizid, stärkt Immunsystem, beugt Krebs vor, stärkt Magen, löst Stagnation, fördert Gewichtsabnahme, hilft bei Appetitlosigkeit, Blähungen, Bluthochdruck, Depressionen, Diabetes, Durchfall.

Anzahl Portionen:	5
Kalorien p. Portion	48
Gramm p. Portion	240,6
Kochdauer ca.	2-3 Stunden
Allergene:	L

(Kohlehydrat:71,3% / Eiweiß & Fett:28,7%)
100g.≈ Eiweiß 1,57g. Fett:1,31g.
µg. - Ph:4,86 Na:3,67 Ka:25,68 Mg:1,8 Ca:6,32 Fe:0,1 Zn:0,01 Col.:0 Hsr.:2,78

Zutaten:
Olivenöl 1 EL / 4g. (wenig)
Zwiebel weiss 1 Stück / 60g. (weniger als angegeben)
Karotte (Mohrrübe, Möhre) 3 Stück / 200g. (empfehlenswert)
Pastinake 150 g. / 150g. (ja)
Sellerie Knolle 1 Tasse / 100g. (empfehlenswert)
Ingwer frisch 1/2 TL / 2g. (weniger als angegeben)
Zitrone 1/2 Stück / 25g. (weniger als angegeben)
Wacholderbeere 6 Stück / 6g. (ja)
Thymian getrocknet 1 Prise / 1g. (ja)
Liebstöckel 1 EL / 3g. (empfehlenswert)

Lorbeerblatt 2 Blätter / 1g. (ja)
Salz 1 Prise / 1g. (wenig)
Wasser 3/4 Liter / 650g. (ja)

Kochanleitung:
Gemüse würfelig schneiden. Öl in einem Topf erhitzen, die Zwiebel und das Gemüse darin anbraten, Ingwer und Lorbeer zugeben. Mit kaltem Wasser aufgießen, Zitronensaft zufügen und mit Wacholder, Thymian und Liebstöckel würzen. 2-3 Std. auf kleiner Stufe zugedeckt köcheln lassen. Brühe durch ein Sieb streichen und im Kühlschrank aufbewahren. Sie dient als Suppengrundlage und verfeinert Gemüse, Hülsenfrüchte oder Getreide.

3.21 Grundrezept für eine Reissuppe

Niedriger Fettgehalt, zur Entwässerung des Körpers bei Übergewicht und Bluthochdruck.

Anzahl Portionen:	3
Kalorien p. Portion	140
Gramm p. Portion	273,33
Kochdauer ca.	2-4 Stunden

(Kohlehydrat:89,71% / Eiweiß & Fett:10,29%)
100g.≈ Eiweiß 2,96g. Fett:0,48g.
µg. - Ph:5,85 Na:0,58 Ka:5,02 Mg:3,41 Ca:1,72 Fe:0,03 Zn:0,02 Col.:0 Hsr.:6,34

Zutaten:
Reis Sorte beliebig 1 Tasse / 120g. (ja)
Wasser 6 Tassen / 700g. (ja)

Kochanleitung:
Man kocht Reis und Wasser in einem Verhältnis von etwa 1:6. Die Menge des Wassers bestimmt die Dicke des Breis (reine Geschmackssache). Der Reis quillt unwahrscheinlich auf, nehmen Sie also nicht viel. Geben Sie den Reis in einen Topf mit einem schweren Deckel. Wichtig ist, den Reis nach kurzem Aufkochen nur auf kleinster Stufe köcheln zu lassen, da er sonst anbrennt. Kochen Sie den Reis 2-4 Stunden. Je länger er kocht, desto stärkender wirkt er. Wenn Sie das Gericht zum Frühstück essen möchten, können Sie den Reis auch kurz vor dem Zubettgehen aufsetzen. Sicherheitshalber sollten Sie vorher einmal unter Beobachtung für eine ähnlich lange Zeit das Verhalten Ihres Topfes und Herdes prüfen, damit nichts anbrennt.

3.22 Hühnersuppe mit Eigelb und Petersilie

Stärkt Blut, Knochenmark, Immunsystem und Sehkraft, baut Milz und Magen auf, senkt Blutdruck, bakterizid, harmonisiert Leber und Milz, entgiftet. Petersilie regt Leberfunktion an.

Anzahl Portionen: 2
Kalorien p. Portion 118
Gramm p. Portion 260
Kochdauer ca. 10 Min.
Allergene: CL
(Kohlehydrat:82,37% / Eiweiß & Fett:17,63%)
100g.≈ Eiweiß 16,35g. Fett:2,49g.
µg. - Ph:13,95 Na:17,66 Ka:18 Mg:49,59 Ca:138,8 Fe:0,55 Zn:0,05 Col.:6,53 Hsr.:4,43

Zutaten:
Grundrezept für eine Hühnerbrühe 1/2 Liter / 500g. (empfehlenswert)
Huhn Eigelb 1 Stück / 10g. (wenig)
Petersilie 1 EL / 10g. (empfehlenswert)

Kochanleitung:
Brühe erhitzen und das Eigelb darin verquirlen. Die gehackte Petersilie drüberstreuen und ca. 2 Min. ziehen lassen und dann in kleinen Schlucken trinken.

3.23 Hüttenkäse mit gedünstetem Obst

Gut bei Appetitlosigkeit, Schluckstörungen, schwacher Verdauung, harntreibend.

Anzahl Portionen: 2
Kalorien p. Portion 215
Gramm p. Portion 250
Kochdauer ca. 20 Min.
Allergene: G
(Kohlehydrat:40,48% / Eiweiß & Fett:59,52%)
100g.≈ Eiweiß 18,45g. Fett:6,4g.
µg. - Ph:44,6 Na:114,5 Ka:50,9 Mg:3,7 Ca:25,6 Fe:0,11 Zn:0,09 Col.:0,64 Hsr.:3

Zutaten:
Hüttenkäse 300 g. / 300g. (empfehlenswert)
Apfel (sauer) 1 Stück / 100g. (wenig)
Birne 1 Stück / 100g. (wenig)

Kochanleitung:
Äpfel und Birnen gut waschen, mit Schale klein schneiden und in einem Topf mit Dämpfsieb bissfest garen. Herausnehmen und auskühlen lassen. Hüttenkäse anrichten und Obst darauf verteilen.

3.24 Karotten mit Kartoffelschnee

Stärkt Blut, Nerven, Milz und Leber, senkt Blutdruck, bakterizid, stärkt Immunsystem, verbessert Verdauung, regeneriert Haut, harntreibend, senkt Cholesterinspiegel, fördert Stuhl und Urin.

Anzahl Portionen: 1
Kalorien p. Portion 316
Gramm p. Portion 322,2
Kochdauer ca. 30 Min.
Allergene: G
(Kohlehydrat:20,62% / Eiweiß & Fett:79,38%)
100g.≈ Eiweiß 11,66g. Fett:15,45g.
µg. - Ph:48,45 Na:21,59 Ka:208,07 Mg:18,24 Ca:23,84 Fe:1,22 Zn:0,5 Col.:15,52 Hsr.:26,23

Zutaten:

Karotte (Frühkarotte) 150 g. / 150g. (empfehlenswert)
Schwein Fleisch 40 g. / 40g. (wenig)
Kartoffel (mehlige) 100 g. / 100g. (empfehlenswert)
Butter Bio 1 EL / 10g. (ja)
Honig 1/2 TL / 2g. (wenig)
Anis (gemeiner Fenchel) 1 Prise / 0,2g. (empfehlenswert)
Wasser 2 EL / 20g. (ja)

Kochanleitung:

Die Karotten putzen, gründlich waschen, dünn schälen und in dünne Scheiben schneiden. Das Fleisch in Streifen schneiden. Die Kartoffeln waschen, in einem kleinen Topf mit wenig Wasser in etwa 15 Min. garen. Die Hälfte der Butter in einem Topf zerlassen, die Karotten und das Fleisch darin andünsten. Wenn nötig, noch 2-3 EL Wasser hinzufügen, den Deckel auflegen und alles bei schwacher Hitze in etwa 15 Min. garen. Den Honig, den Anis und die restliche Butter dazugeben und den Topf von der Kochstelle nehmen. Die Kartoffeln pellen und mit der Kartoffelpresse direkt auf den Teller drücken. Die Honigkarotten darüber verteilen.

3.25 Karotten- Reisschleimsuppe

Gegen Durchfall, bei Fieber, bakterizid, stärkt Immunsystem, senkt Blutdruck.

Anzahl Portionen: 1
Kalorien p. Portion 101
Gramm p. Portion 224
Kochdauer ca. 10 Min.
(Kohlehydrat:96% / Eiweiß & Fett:4%)
100g.≈ Eiweiß 2,37g. Fett:0,4g.
µg. - Ph:27,48 Na:20,34 Ka:65,63 Mg:170,89 Ca:178,57 Fe:1,03 Zn:0,34 Col.:0 Hsr.:12,3

Zutaten:
Grundrezept für eine Reissuppe 1 Tasse / 120g. (empfehlenswert)
Karotte (Mohrrübe, Möhre) 2 Stück / 100g. (empfehlenswert)
Salz 1 TL / 4g. (wenig)

Kochanleitung:
Karotten schälen und reiben. Die Reissuppe aufkochen und die geriebenen Karotten sowie Salz zufügen. 10 Min. kochen.

3.26 Karotten-Risotto

Stärkt Immunsystem, beugt Krebs vor, löst Stagnation, regt Leberfunktion an. Gut bei Appetitlosigkeit, Blähungen, Bluthochdruck, Depressionen, Diabetes, Durchfall.

Anzahl Portionen:	2
Kalorien p. Portion	308
Gramm p. Portion	340,8
Kochdauer ca.	45 Min.
Allergene:	GL

(Kohlehydrat:83,67% / Eiweiß & Fett:16,33%)
100g.≈ Eiweiß 8,5g. Fett:5,99g.
µg. - Ph:27,11 Na:19,13 Ka:58,22 Mg:32,31 Ca:116,16 Fe:0,67 Zn:0,11 Col.:0,3 Hsr.:14,66

Zutaten:
Olivenöl 1/2 EL / 5g. (wenig)
Zwiebel Frühlingszwiebel 2 EL / 7g. (weniger als angegeben)
Muskatnuss 1 Prise / 0,3g. (ja)
Petersilie 1/2 Bund / 25g. (empfehlenswert)
Reis Sorte beliebig 100 g. / 100g. (ja)
Karotte (Mohrrübe, Möhre) 250 g. / 250g. (empfehlenswert)
Grundrezept für eine Gemüsebrühe 300 ml. / 280g. (empfehlenswert)
Fenchelsamen gemahlen 1/4 TL / 1g. (empfehlenswert)
Basilikum (frisch) 1/2 TL / 2g. (ja)
Salz 1 Prise / 1g. (wenig)
Pfeffer gemahlen 1 Prise / 0,3g. ()
Parmesan 1 EL / 10g. (weniger als angegeben)

Kochanleitung:
In einer flachen Pfanne das Öl erhitzen, die Zwiebeln darin glasig und sehr weich dünsten. Petersilie zugeben und kurz andünsten. Reis, Karotten und Muskat zufügen und unter Rühren kurz andünsten. Mit der Gemüsebrühe aufgießen, mit Fenchel und Basilikum würzen, alles zum Kochen bringen und ca. 20 Min. kochen, bis Reis und Karotten gut

durch sind. Dabei ab und zu umrühren und bei Bedarf etwas Gemüsebrühe nachgießen. Das Risotto soll leicht suppig sein. Kurz vor Ende der Garzeit den Weißwein untermischen und das Risotto noch kurz aufköcheln lassen, dann vom Herd nehmen und Parmesan untermischen.

3.27 Kartoffel-Basilikumsuppe

Lindert Entzündungen, fördert Verdauung, harntreibend, senkt Cholesterinspiegel und Blutdruck, bakterizid, stärkt Immunsystem, reduziert Strahlenverletzungen, antioxidativ, löst Stagnation.

Anzahl Portionen:	4
Kalorien p. Portion	96
Gramm p. Portion	330,12
Kochdauer ca.	25 min.
Allergene:	L

(Kohlehydrat:68,68% / Eiweiß & Fett:31,32%)
100g.≈ Eiweiß 3,24g. Fett:2,99g.
µg. - Ph:7,65 Na:13,39 Ka:52,12 Mg:2,43 Ca:11,65 Fe:0,11 Zn:0,01 Col.:0 Hsr.:7,59

Zutaten:
Wasser 500 ml / 450g. (ja)
Kartoffel 4 Stück / 200g. (empfehlenswert)
Karotte (Mohrrübe, Möhre) 2 Stück / 100g. (empfehlenswert)
Sellerie Knolle 1 Stück / 500g. (empfehlenswert)
Pfeffer gemahlen 1 Prise / 0,5g. ()
Kümmel 1 Prise / 1g. (empfehlenswert)
Knoblauch 1 Zehe / 3g. (weniger als angegeben)
Salz 1 Prise / 1g. (wenig)
Zitrone 1 TL / 3g. (weniger als angegeben)
Basilikum (frisch) 1 Bund / 50g. (ja)
Paprika (Rosenpaprikapulver) 1 Prise / 1g. (weniger als angegeben)
Zucker Ursüße (Zuckerrohr) süß 1 Prise / 1g. (wenig)
Olivenöl 1 EL / 10g. (wenig)

Kochanleitung:
4 mittelgroße Kartoffeln, 2 mittelgroße Karotten und 1 Stück Knollensellerie geschält und kleingeschnitten in heißes Wasser geben und zusammen mit einer Prise Pfeffer und Salz, einer Prise gemahlenem Kümmel, einer kleinen zerdrückten Knoblauchzehe und 1 TL Zitronensaft köcheln, bis das Gemüse weich ist. Von 1 Bund Basilikum (fein gehackt) eine Hälfte in die Suppe geben und alles pürieren. Die andere Hälfte anschließend unterrühren und mit Rosenpaprika, einer Prise Vollrohrzucker, 1 EL Olivenöl oder Butter, frisch gemahlenem Pfeffer und Salz abschmecken.

3.28 Kohlrabi in Kerbelsoße mit Kartoffeln

Lindert Entzündungen, senkt Cholesterinspiegel, harntreibend, leitet Darmwinde ab, stärkt Immunsystem, beugt Krebs vor, fördert Gewichtsabnahme. Gut bei Appetitlosigkeit, Blähungen, Bluthochdruck, Depressionen, Diabetes, Durchfall.

Anzahl Portionen: 4
Kalorien p. Portion 188
Gramm p. Portion 316,85
Kochdauer ca. 1 Stunde
Allergene: GL
(Kohlehydrat:79,34% / Eiweiß & Fett:20,66%)
100g.≈ Eiweiß 8,67g. Fett:2,51g.
µg. - Ph:11,79 Na:4,12 Ka:100,2 Mg:13,9 Ca:60,61 Fe:0,16 Zn:0,02 Col.:0,06 Hsr.:3,63

Zutaten:

Kartoffel 6 Stück / 450g. (empfehlenswert)
Grundrezept für eine Gemüsebrühe 300 ml. / 300g. (empfehlenswert)
Kartoffel 100 g. / 100g. (empfehlenswert)
Muskatnuss 1 Prise / 0,2g. (ja)
Zitrone Schale 1/2 TL / 2g. (weniger als angegeben)
Ingwer frisch 1/2 TL / 2g. (weniger als angegeben)
Liebstöckel 1/2 TL / 2g. (empfehlenswert)
Kohlrabi 300 g. / 300g. (ja)
Salz 1 Prise / 1g. (wenig)
Pfeffer gemahlen 1 Prise / 0,2g. ()
Sauerrahm 15% Fett 3 EL / 30g. (ja)
Kerbel getrocknet 1 Bund / 80g. (empfehlenswert)

Kochanleitung:

Die 6 Kartoffeln in Salzwasser weich kochen. Die Hälfte der Gemüsebrühe zum Kochen bringen. 100G gewürfelte Kartoffeln, Muskat, Zitronenschale, Ingwer und Liebstöckel dazugeben. Kartoffeln zugedeckt ca. 10 Min. weich kochen und alles mit dem Mixstab zu einer glatten Soße pürieren. Restliche Gemüsebrühe zum Kochen bringen. Kohlrabi in Würfel schneiden, zufügen und zugedeckt ca. 8 Min. kochen. Die Kartoffelsoße unterrühren und alles kurz erhitzen. Mit dem Mixstab Kerbel und Sauerrahm fein pürieren. Die Kerbelcreme mit dem Kohlrabigemüse vermischen und mit den gekochten und geschälten Kartoffeln anrichten.

3.29 Kompott aus Äpfeln

Apfel (süß) stoppt Durchfall, fördert Verdauung, regt Appetit an, harmonisiert Magen, erwärmt Magen und Milz, fördert Durchblutung.

Anzahl Portionen: 2
Kalorien p. Portion 67
Gramm p. Portion 220,5
Kochdauer ca. 10 Min.
(Kohlehydrat:95,64% / Eiweiß & Fett:4,36%)
100g.≈ Eiweiß 0,24g. Fett:0,46g.
µg. - Ph:2,81 Na:1,03 Ka:36,45 Mg:1,81 Ca:4,33 Fe:0,13 Zn:0,03 Col.:0 Hsr.:3,74

Zutaten:

Apfel (süß) 1 Stück / 220g. (wenig)
Wasser 2 Tassen / 220g. (ja)
Zimtpulver 1 Prise / 1g. (ja)

Kochanleitung:

Bio-Apfel mit Schalen und Kernen klein geschnitten im Wasser weich kochen und mit Zimt bestreuen.

3.30 Kürbis-Joghurt-Suppe

Befeuchtet, entspannt, senkt Blutdruck, stärkt Immunsystem, fördert Gewichtsabnahme. Gut bei Abwehrschwäche, Appetitlosigkeit, Blähungen, Depressionen, Diabetes, Durchfall.

Anzahl Portionen: 4
Kalorien p. Portion 68
Gramm p. Portion 239
Kochdauer ca. 15 Min.
Allergene: GL
(Kohlehydrat:82,83% / Eiweiß & Fett:17,17%)
100g.≈ Eiweiß 2,37g. Fett:1,31g.
µg. - Ph:7,17 Na:3,58 Ka:26,41 Mg:11,21 Ca:43,83 Fe:0,07 Zn:0,01 Col.:0,05 Hsr.:1,4

Zutaten:

Grundrezept für eine Gemüsebrühe 300 ml. / 300g. (empfehlenswert)
Hokkaidokürbis 500 g. / 500g. (empfehlenswert)
Ingwer frisch 1/2 TL / 2g. (weniger als angegeben)
Fenchelsamen gemahlen 1/2 TL / 1g. (empfehlenswert)
Anis (gemeiner Fenchel) 1/4 TL / 1g. (empfehlenswert)
Joghurt (natur, 1,5 % Fett) 150 g. / 150g. (ja)
Pfefferminze 2 Blätter / 1g. (ja)
Salz 1 Prise / 1g. (wenig)

Kochanleitung:
Gemüsebrühe (nach Grundrezept) zum Kochen bringen. Gewürfelten Kürbis, kleingehackten Ingwer, zerstoßene Fenchelsamen und Anis dazugeben und Suppe zugedeckt ca. 12 Min. köcheln lassen, bis der Kürbis weich ist und dann vom Herd nehmen. Mit dem Mixstab die Suppe mit dem Joghurt fein pürieren und mit feingehackter Minze bestreut servieren.

3.31 Kuzuwasser

Enthält viele Vitamine und Mineralstoffe. Zur Stärkung der Darmflora, besonders nach Antibiotikaeinnahme. Beruhigt die Magenschleimhaut und schützt den Magen.
Anzahl Portionen: 1
Kalorien p. Portion 7
Gramm p. Portion 122
Kochdauer ca. 5 Min.
(Kohlehydrat:99,17% / Eiweiß & Fett:0,83%)
100g.≈ Eiweiß 0g. Fett:0,01g.
µg. - Ph:0 Na:0,98 Ka:0 Mg:0,98 Ca:4,92 Fe:0,01 Zn:0,1 Col.:0 Hsr.:0

Zutaten:
Kuzu 1/2 TL / 2g. (ja)
Wasser 1 Tasse / 120g. (ja)

Kochanleitung:
Kuzu zerstoßen, mit lauwarmem Wasser aufgießen und kurz ziehen lassen, bis eine milchige Flüssigkeit entsteht. Dann abseihen.

3.32 Magentee

Fördert Verdauung.
Anzahl Portionen: 2
Kalorien p. Portion 3
Gramm p. Portion 127,5
Kochdauer ca. 15 Min.
(Kohlehydrat:54% / Eiweiß & Fett:46%)
100g.≈ Eiweiß 0,17g. Fett:0,14g.
µg. - Ph:0,89 Na:0,41 Ka:3,25 Mg:0,97 Ca:3,47 Fe:0 Zn:0,02 Col.:0 Hsr.:0

Zutaten:
Fenchelsamen gemahlen 1 TL / 2g. (empfehlenswert)
Süßholzwurzeltee 2 Stück / 3g. (ja)
Wasser 250 ml. / 250g. (ja)

Kochanleitung:
Fenchelsamen leicht zerstoßen und mit dem Süßholz in eine Teekanne geben. Wasser ca. 2 Min. kochen lassen und dann in die Teekanne gießen. 10 Min. ziehen lassen und abseihen. (Für Babys handwarm abkühlen lassen und in ein Fläschchen füllen).

3.33 Nudelsuppe

Schont die Verdauungsorgane, entgiftet, senkt Blutdruck, bakterizid, stärkt Immunsystem, Muskeln, Sehnen und Knochen, regt Leberfunktion an. Wirkt bei Appetitlosigkeit und Blähungen.

Anzahl Portionen:	8
Kalorien p. Portion	237
Gramm p. Portion	303,88
Kochdauer ca.	1 1/2 Stunden
Allergene:	ACEGL

(Kohlehydrat:63,55% / Eiweiß & Fett:36,45%)
100g.≈ Eiweiß 14,74g. Fett:5,04g.
µg. - Ph:8,6 Na:5,71 Ka:23,73 Mg:2,3 Ca:3,96 Fe:0,15 Zn:0,02 Col.:0,34 Hsr.:7,1

Zutaten:
Rind Suppenfleisch 300 g. / 300g. (wenig)
Wasser 1 Liter / 900g. (ja)
Lorbeerblatt 1 Stück / 1g. (ja)
Karotte (Mohrrübe, Möhre) 300 g. / 300g. (empfehlenswert)
Sellerie Stangensellerie 1 Staude / 200g. (ja)
Blumenkohl (Karfiol) 300 g. / 300g. (wenig)
Petersilie 1 Bund / 100g. (empfehlenswert)
Nudeln (Weizen) mit Ei 300 g. / 300g. (ja)
Butter Bio 1 EL / 10g. (ja)
Salz 1 TL / 2g. (wenig)
Sojasauce 1 EL / 8g. (wenig)
Tomatenmark 1 EL / 10g. (wenig)

Kochanleitung:
Das Fleisch abwaschen und im Wasser mit dem Lorbeerblatt bei schwacher Hitze etwa 30 Min. köcheln lassen. Die Karotten schälen und in Scheiben schneiden. Von der Selleriestaude das untere Ende und die Blätter abtrennen. Die Stiele waschen, die zähen Fäden abziehen und die Stiele in etwa 1 cm dicke Scheiben schneiden. Rosenkohl waschen, putzen und dabei die Röschen von unten kreuzweise einschneiden. Die Petersilie waschen und klein schneiden. Rosenkohl und Karottenscheiben zur Suppe geben und alles etwa 30 Min. weiterkochen. Nach etwa 10 Min. den Sellerie samt grünen Blättern sowie die Nudeln dazugeben. Zum Schluss Lorbeerblatt und

Selleriegrün entfernen. Die Suppe mit Salz, Sojasoße, Tomatenmark und der restlichen Petersilie würzen. Das Fleisch herausheben, von Fett und Knochen befreien und würfeln und in der Suppe servieren.

3.34 Reis mit Pastinake

Vitaminreich, Mineralstoffe Kalium und Zink. Bei Durchblutungsstörungen, Thrombose, Emboliegefahr, Bluthochdruck, Kopfschmerzen, Herzinfarkt, Schlaganfall, Hefepilzinfektionen.

Anzahl Portionen: 3
Kalorien p. Portion 206
Gramm p. Portion 261,33
Kochdauer ca. 45 Min.
(Kohlehydrat:78,37% / Eiweiß & Fett:21,63%)
100g.≈ Eiweiß 5,17g. Fett:4,53g.
µg. - Ph:20,16 Na:2,09 Ka:94,99 Mg:7,61 Ca:10,6 Fe:0,15 Zn:0,07 Col.:0 Hsr.:12,18

Zutaten:
Reis Sorte beliebig 1 Tasse / 120g. (ja)
Wasser 2 Tassen / 200g. (ja)
Salz 1 Prise / 1g. (wenig)
Pastinake 3-4 Stück / 450g. (ja)
Olivenöl 1 EL / 10g. (wenig)
Salbei 1 TL / 3g. (ja)

Kochanleitung:
Pastinake schälen und in Scheiben schneiden. Kurz in Öl anbraten. Reis hinzugeben und kurz mitbraten. Mit Wasser übergießen und mindestens 30 Min. lang kochen lassen. Mit etwas frischem gehacktem Salbei bestreuen.

3.35 Reisbrei mit Hiobsträne (Samen) Yi Yi Ren

Stärkt Milz, Magen und Muskeln, harntreibend.

Anzahl Portionen: 2
Kalorien p. Portion 211
Gramm p. Portion 314
Kochdauer ca. 25 Min.
(Kohlehydrat:89% / Eiweiß & Fett:11%)
100g.≈ Eiweiß 4,56g. Fett:0,76g.
µg. - Ph:5,82 Na:0,48 Ka:6,23 Mg:3,33 Ca:1,69 Fe:0,04 Zn:0,04 Col.:0 Hsr.:6,28

Zutaten:
Wasser 4 Tassen / 450g. (ja)
Reis Sorte beliebig 1 Tasse / 120g. (ja)
Zitrone Schale 1/4 Stück / 2g. (weniger als angegeben)

Hiobsträne (Samen) YiYi Ren 1/2 Tasse / 50g. (ja)
Kresse 1 EL / 6g. (empfehlenswert)

Kochanleitung:
Reisbrei nach Grundrezept kochen. Eine halbe Tasse Yi Yi Ren und Zitronenschale mitkochen, 1 Std. köcheln und zuletzt mit Kresse überstreuen.

3.36 Reis-Congee mit Karotten und Fenchel

Stärkt und wärmt Magen, lindert Verstopfung, regt Nerven an, entgiftet, lindert Entzündungen, verbessert Durchblutung, senkt Blutdruck, bakterizid, stärkt Immunsystem, beugt Krebs vor, reduziert Strahlenverletzungen.

Anzahl Portionen:	3
Kalorien p. Portion	132
Gramm p. Portion	284,67
Kochdauer ca.	2 Stunden
Allergene:	G

(Kohlehydrat:94,12% / Eiweiß & Fett:5,88%)
100g.≈ Eiweiß 4,18g. Fett:1,37g.
µg. - Ph:9,78 Na:9,7 Ka:55,1 Mg:64,86 Ca:68,94 Fe:0,4 Zn:0,03 Col.:0,09 Hsr.:3,77

Zutaten:
Grundrezept für eine Reissuppe 1/2 Liter / 500g. (empfehlenswert)
Karotte (Mohrrübe, Möhre) 2 Stück / 100g. (empfehlenswert)
Fenchel 1 Stück / 250g. (empfehlenswert)
Butter Bio 1 TL / 3g. (ja)
Kardamom 1/2 TL / 1g. (ja)

Kochanleitung:
Reis-Congee nach Grundrezept kochen. Karotten und Fenchel putzen und klein schneiden. Hinweis: Wenn Karotten und Fenchel von Anfang an mitgekocht werden, dienen sie der Bekömmlichkeit. Werden sie kurz vor Ende der Kochzeit zugegeben, bleiben Geschmack und Vitamine erhalten. Vor dem Servieren mit Butter und Kardamom verfeinern.

3.37 Reis-Dulse-Suppe

Stärkt Milz und Leber, senkt Blutdruck, bakterizid, stärkt Immunsystem. Gut bei Durchblutungsstörungen, Durchfall und Fieber. Vitamin C bekämpft freie Radikale, fördert den Austausch von Eisen und Calcium, erhöht Resistenz gegen Infektionskrankheiten.

Anzahl Portionen: 2
Kalorien p. Portion 191
Gramm p. Portion 507,5
Kochdauer ca. 5 min
Allergene: L
(Kohlehydrat:96,23% / Eiweiß & Fett:3,77%)
100g.≈ Eiweiß 4,98g. Fett:1,75g.
µg. - Ph:9,95 Na:13,47 Ka:7,78 Mg:105,69 Ca:185,97 Fe:0,27 Zn:0,05 Col.:0 Hsr.:2,68

Zutaten:
Grundrezept für eine Reissuppe 4 Tassen / 500g. (empfehlenswert)
Grundrezept für eine Gemüsebrühe 1/2 Liter / 500g. (empfehlenswert)
Dulse (Lappentang) 2 EL / 15g. (ja)

Kochanleitung:
Je eine Portion vorgekochtes Grundrezept für eine Reissuppe (Congee) und vorgekochtes Grundrezept für eine Gemüsebrühe (nahrhaft) aufwärmen. Dulse im Backofen bei 220 Grad 3 Min. backen und die knusprige Dulse über den Reis streuen.

3.38 Rosmarinkartoffeln

Kartoffel stärkt die Milz, lindert Entzündungen, verbessert die Verdauung, regeneriert die Haut, ist harntreibend, senkt Cholesterinspiegel. Rosmarin fördert Verdauung, stärkt Lunge, Milz und Nieren.

Anzahl Portionen: 2
Kalorien p. Portion 189
Gramm p. Portion 216,5
Kochdauer ca. 30 Min.
(Kohlehydrat:76,49% / Eiweiß & Fett:23,51%)
100g.≈ Eiweiß 4,21g. Fett:5,25g.
µg. - Ph:23,02 Na:1,45 Ka:165,76 Mg:9,44 Ca:3,73 Fe:0,2 Zn:0,07 Col.:0,01 Hsr.:7,27

Zutaten:
Kartoffel 6-8 Stück / 420g. (empfehlenswert)
Salz Kräutersalz 1 Prise / 1g. (wenig)
Olivenöl 1 EL / 10g. (wenig)
Rosmarin 1 TL / 2g. (ja)

Kochanleitung:
Kartoffeln der Länge nach halbieren, mit etwas Olivenöl bestreichen, salzen, 2-3 Rosmarinnadeln auf jede halbe Kartoffel streuen, auf Backblech setzen und im vorgeheizten Backofen ca. 25 Min. bei 190 Grad backen.

3.39 Selleriesaft

Mineral- und vitaminreich, stoffwechselfördernd und entwässernde Heilwirkung.
Anzahl Portionen: 1
Kalorien p. Portion 33
Gramm p. Portion 320,5
Kochdauer ca. 5 Min.
Allergene: L
(Kohlehydrat:61,11% / Eiweiß & Fett:38,89%)
100g.≈ Eiweiß 2,4g. Fett:0,4g.
µg. - Ph:30,19 Na:83,35 Ka:214,67 Mg:8,05 Ca:52,18 Fe:0,32 Zn:0,1 Col.:0 Hsr.:43,68

Zutaten:
Sellerie Knolle 1/2 Stück / 200g. (empfehlenswert)
Wasser 1 Tasse / 120g. (ja)
Salz 1 Prise / 0,5g. (wenig)

Kochanleitung:
Sellerieknolle schälen, in Stücke schneiden und entsaften. Mit Wasser mischen und nach Bedarf salzen.

3.40 Smoothie mit Spinat Banane und Kiwi

Fördert Ausscheidung, stärkt Magen und Darm, verbessert Bauchspeicheldrüsenfunktion, unterstützt das Wasserlassen.
Anzahl Portionen: 2
Kalorien p. Portion 87
Gramm p. Portion 242,5
Kochdauer ca. 10 Min.
(Kohlehydrat:83,75% / Eiweiß & Fett:16,25%)
100g.≈ Eiweiß 3,31g. Fett:0,55g.
µg. - Ph:12,98 Na:7,98 Ka:115,51 Mg:11,41 Ca:22,52 Fe:0,59 Zn:0,06 Col.:0 Hsr.:13,15

Zutaten:
Spinat 1 Handvoll / 150g. (empfehlenswert)
Banane 1 Stück / 115g. (empfehlenswert)
Kiwi 1 Stück / 70g. (wenig)
Wasser 150 g. / 150g. (ja)

Kochanleitung:
Spinat (gut waschen), geschälte Banane und Kiwi mit dem Wasser im Mixer pürieren. Sie können mit Zucker oder Ahornsirup süßen, wenn es Ihrem Ernährungsplan entspricht.

3.41 Tee aus Anissamen

Anis (gemeiner Fenchel) fördert Verdauung, stärkt Magen und Milz.
Anzahl Portionen: 4
Kalorien p. Portion 3
Gramm p. Portion 125,75
Kochdauer ca. 15 Min.
(Kohlehydrat:51,11% / Eiweiß & Fett:48,89%)
100g.≈ Eiweiß 0,14g. Fett:0,12g.
µg. - Ph:0,71 Na:0,27 Ka:2,06 Mg:0,5 Ca:2,29 Fe:0 Zn:0,01 Col.:0 Hsr.:0

Zutaten:
Anis (gemeiner Fenchel) 1 TL / 3g. (empfehlenswert)
Wasser 1/2 Liter / 500g. (ja)

Kochanleitung:
Wasser zum Kochen bringen und beiseite stellen. Anis zugeben, 10 Min. ziehen lassen und durch ein Teesieb abgießen. Nach Geschmack mit Honig süßen. Um eine heilsame Wirkung zu erzielen, sollte man pro Tag 2 Tassen Anis-Tee trinken.

3.42 Tee aus Beifußtee

Reduziert Blutungen, lindert Schmerzen, macht fettes Essen leichter verdaulich.
Anzahl Portionen: 2
Kalorien p. Portion 0
Gramm p. Portion 251
Kochdauer ca. 10 Min.
(Kohlehydrat:0% / Eiweiß & Fett:0%)
100g.≈ Eiweiß 0g. Fett:0g.
µg. - Ph:0 Na:0,5 Ka:0 Mg:0,5 Ca:2,49 Fe:0 Zn:0,02 Col.:0 Hsr.:0

Zutaten:
Wasser 1/2 Liter / 500g. (ja)
3-4 TL Beifuß Tee

Kochanleitung:
Wasser zum Kochen bringen und beiseite stellen. Beifuß zufügen und 10 Min. ziehen lassen. Nach Geschmack mit Honig süßen.

3.43 Tee aus Fenchel

Harmonisiert Magen, lindert Blähungen.
Anzahl Portionen: 4
Kalorien p. Portion 0
Gramm p. Portion 130
Kochdauer ca. 10 min
(Kohlehydrat:0% / Eiweiß & Fett:0%)
100g.≈ Eiweiß 0g. Fett:0g.
µg. - Ph:0 Na:0,24 Ka:0 Mg:0,24 Ca:1,2 Fe:0 Zn:0,01 Col.:0 Hsr.:0

Zutaten:
Fencheltee 2 EL / 20g. (empfehlenswert)
Wasser 1/2 Liter / 500g. (ja)

Kochanleitung:
Wasser zum Kochen bringen und beiseite stellen. Fencheltee dazugeben und 10 Min. ziehen lassen. Abseihen und nach Geschmack mit Honig süßen.

3.44 Tee aus Grüntee

Fördert Verdauung, harntreibend, löst Schleim, entgiftet, regt Nerven an, reduziert Blutfett, senkt Cholesterinspiegel, lindert Entzündungen.
Anzahl Portionen: 1
Kalorien p. Portion 3
Gramm p. Portion 122
Kochdauer ca. 10 Min.
(Kohlehydrat:20% / Eiweiß & Fett:80%)
100g.≈ Eiweiß 0,01g. Fett:0g.
µg. - Ph:5,61 Na:1,07 Ka:27,59 Mg:4,07 Ca:9,43 Fe:0,04 Zn:0,1 Col.:0 Hsr.:0

Zutaten:
Grüner Tee 1 TL / 2g. (ja)
Wasser 1 Tasse / 120g. (ja)

Kochanleitung:
Pro Tasse verwendet man einen Teelöffel voll oder einen Teebeutel. Grüntee nur mit 60-80 Grad heißem Wasser aufbrühen, da er sonst bitter wird. Soll der Tee eine anregende Wirkung haben, lässt man ihn 2-3 Min. ziehen. Eher beruhigend wirkt er bei einer Ziehdauer von 5 Min. (nicht länger, sonst wird er bitter!). Eine andere Methode: Man übergießt die Teeblätter mit ca. 70 Grad heißem Wasser und gießt es sofort wieder ab. Dann einfach noch mal heißes Wasser nachgießen. Die Bitterstoffe verschwinden und der Tee bekommt ein milderes Aroma.

3.45 Tee aus Kamille

Gut bei Blähungen, Brechreiz, Darmkrämpfen, Durchfall, Entzündung der Mundschleimhaut, grippalen Infekten, Magen- und Darmschleimhautentzündung, schlecht heilenden Wunden, Übelkeit, Erkältungskrankheiten, Hautausschlägen, Entzündungen im Genital- und After.

Anzahl Portionen: 1
Kalorien p. Portion 0
Gramm p. Portion 123
Kochdauer ca. 10 Min.
(Kohlehydrat:0% / Eiweiß & Fett:0%)
100g.≈ Eiweiß 0g. Fett:0g.
µg. - Ph:0 Na:0,98 Ka:0 Mg:0,98 Ca:4,88 Fe:0,01 Zn:0,1 Col.:0 Hsr.:0

Zutaten:

Kamille 1 TL / 3g. (empfehlenswert)
Wasser 1 Tasse / 120g. (ja)

Kochanleitung:

Wasser zum Kochen bringen und beiseite stellen. Kamillenblüten zugeben und 10 Min. ziehen lassen, dann abseihen.

3.46 Tee aus Käsepappel

Hilft bei Magenschmerzen und Gastritis.

Anzahl Portionen: 2
Kalorien p. Portion 0
Gramm p. Portion 257
Kochdauer ca. 10 Min.
(Kohlehydrat:0% / Eiweiß & Fett:0%)
100g.≈ Eiweiß 0g. Fett:0g.
µg. - Ph:0 Na:0,49 Ka:0 Mg:0,49 Ca:2,43 Fe:0 Zn:0,02 Col.:0 Hsr.:0

Zutaten:

Käsepappeltee 2 EL / 14g. (empfehlenswert)
Wasser 1/2 Liter / 500g. (ja)

Kochanleitung:

Wasser zum Kochen bringen und beiseite stellen. Käsepappeltee dazugeben und 10 Min. ziehen lassen. Nach Geschmack mit Honig süßen. Beim Eingießen abseihen.

3.47 Tee aus Malven

Lindert Reizhusten, beruhigt Schleimhäute in Mund- und Rachenraum, Hals, Magen und Darm, hemmt Entzündungen, leicht zusammenziehend (adstringierend).

Anzahl Portionen: 4
Kalorien p. Portion 0
Gramm p. Portion 126
Kochdauer ca. 10 Min.
(Kohlehydrat:0% / Eiweiß & Fett:0%)
100g.≈ Eiweiß 0g. Fett:0g.
µg. - Ph:0 Na:0,06 Ka:0 Mg:0,06 Ca:0,31 Fe:0 Zn:0,01 Col.:0 Hsr.:0

Zutaten:

Malventee 2 Teebeutel / 4g. (ja)
Wasser 1/2 Liter / 500g. (ja)

Kochanleitung:

Wasser zum Kochen bringen und beiseite stellen. Malve zugeben und 10 Min. ziehen lassen. Nach Geschmack mit Honig süßen.

3.48 Tee aus Rooibos

Antioxidativ, entzündungshemmend, antibakteriell, antiviral, antifungal, entgiftend (basisch), krebshemmend, schützt durch enthaltene Flavonoide, positive Wirkung bei Alzheimer und Arteriosklerose. Antiallergisch, hemmt die Histaminausschüttung.

Anzahl Portionen: 5
Kalorien p. Portion 0
Gramm p. Portion 200,8
Kochdauer ca. 10 Min.
(Kohlehydrat:0% / Eiweiß & Fett:0%)
100g.≈ Eiweiß 0g. Fett:0g.
µg. - Ph:0 Na:0,2 Ka:0 Mg:0,2 Ca:1 Fe:0 Zn:0 Col.:0 Hsr.:0

Zutaten:

Wasser 1 Liter / 1000g. (ja)
3-4 TL Rooibos Tee

Kochanleitung:

Rooibos mit einem Liter kochenden Wasser überbrühen und 6-10 Min. ziehen lassen. Bei weichem Wasser können Sie weniger Tee für die Zubereitung nehmen, bei härterem Wasser empfehlen wir eine höhere Dosierung.

3.49 Traubensaft mit heißem Wasser

Beruhigt Magen, stärkt Sehnen und Knochen, fördert Verdauung, harntreibend.

Anzahl Portionen: 2
Kalorien p. Portion 44
Gramm p. Portion 120
Kochdauer ca. 5 Min.
(Kohlehydrat:94,41% / Eiweiß & Fett:5,59%)
100g.≈ Eiweiß 0,42g. Fett:0,18g.
µg. - Ph:5,25 Na:0,75 Ka:40,75 Mg:2,5 Ca:5,75 Fe:0,13 Zn:0,02 Col.:0 Hsr.:5,25

Zutaten:

Traubensaft rot 1 Tasse / 120g. (wenig)
Wasser 1 Tasse / 120g. (ja)

Kochanleitung:

Traubensaft mit heißem Wasser aufgießen.

3.50 Tsampa

Stärkt Milz, kühlt Blase, stärkt Magen, befeuchtet Darm, befeuchtet die Haut, entspannt, harntreibend, fördert Verdauung, entgiftet, regt Nerven an, reduziert Blutfett, senkt Cholesterinspiegel.

Anzahl Portionen: 2
Kalorien p. Portion 140
Gramm p. Portion 135
Kochdauer ca. 5 Min.
Allergene: A
(Kohlehydrat:85,96% / Eiweiß & Fett:14,04%)
100g.≈ Eiweiß 1,38g. Fett:0,34g.
µg. - Ph:86 Na:1,5 Ka:383,5 Mg:45,61 Ca:63,17 Fe:0,41 Zn:0,4 Col.:0 Hsr.:6,06

Zutaten:

Tsampa (geröstetes Gerstenmehl) 4 EL / 30g. (ja)
Grüner Tee 1 Tasse / 120g. (ja)
Wasser 1 Tasse / 120g. (ja)

Kochanleitung:

Tsampa (tibetisch ratsam pa) ist ein tibetisches Grundnahrungsmittel. Es besteht aus geröstetem Mehl, üblicherweise Gerste (nas rtsam). Tsampa wird traditionell mit Tee hergestellt. Da es schnell und einfach zuzubereiten ist, wird es von Sherpas, Nomaden und Reisenden gerne verwendet. Zubereitung: Das Tsampa wird in eine Schüssel gefüllt und mit Tee übergossen, von dem ein Teil getrunken und der Rest mit dem Tsampa zu einer teigähnlichen Masse geformt wird. Man kann den Tee auch zuerst eingießen. In jedem Fall benötigt man ein gewisses

Geschick, um das richtige Verhältnis von Tsampa und Flüssigkeit zu erreichen. Die beiden Stoffe werden normalerweise mit den Fingern gemischt. Es empfiehlt sich, Yakbutter zur Verbesserung von Geschmack und Stabilität hinzuzufügen.

3.51 Vanillepudding

Gegen Verstopfung.

Anzahl Portionen:	2
Kalorien p. Portion	255
Gramm p. Portion	274,5
Kochdauer ca.	10 Min.
Allergene:	G

(Kohlehydrat:67,17% / Eiweiß & Fett:32,83%)
100g.≈ Eiweiß 8,11g. Fett:8,88g.
µg. - Ph:44,27 Na:33,55 Ka:70,35 Mg:5,7 Ca:55,16 Fe:0,1 Zn:0,09 Col.:1,37 Hsr.:0

Zutaten:
Kuhmilch (Vollmilch 3,5 % Fett) 500 ml. / 500g. (wenig)
Puddingpulver Vanille 1 Paket / 37g. (ja)
Zucker (weiß, aus Rüben) 1 EL / 12g. (wenig)

Kochanleitung:
3-5 EL der Milch in eine Tasse geben und den Rest in einem Topf zum Kochen bringen. Das Puddingpulver zusammen mit dem Zucker und der Milch in der Tasse klümpchenfrei verrühren. Sobald die Milch kocht, die Mischung zugeben und unter ständigem Rühren auf kleiner Flamme ca. 3 Min. kochen. In vorbereitete Schälchen verteilen.

4 Wirkung der Lebensmittel

4.1 Zutaten verwenden: empfehlenswert

Aloesaft
Anis (gemeiner Fenchel)
Aubergine
Banane
Banane Kochbanane
Brombeere
Dill
Dorsch
Feldsalat
Fenchel
Fenchelsamen gemahlen
Fencheltee
Flaschenkürbis
Grundrezept für eine Fischbrühe
Grundrezept für eine Gemüsebrühe nahrhaft
Grundrezept für eine Hühnerbrühe wärmend
Grundrezept für eine Reissuppe (Congee)
Grundrezept für eine Rinderbrühe
Grundrezept für eine Rinderbrühe wärmend
Hokkaidokürbis

Holunderbeeren
Holunderblütentee
Honigmelone
Hüttenkäse
Kamille
Karausche
Karotte (Frühkarotte)
Karotte (Mohrrübe, Möhre)
Karottensaft ohne Zucker
Kartoffel
Kartoffel (mehlige)
Käsepappeltee
Kerbel
Kerbel getrocknet
Kräuterteemischung
Kresse
Kümmel
Kümmel gemahlen
Kürbis
Liebstöckel
Petersilie
Petersilienwurzel
Rote Rübe
Schwarzkümmel
Sellerie Knolle
Spargel (grün oder weiß)
Speiserüben
Spinat
Wachskürbis
Wassermelone
Zucchini

4.2 Zutaten verwenden: ja

Amaranth
Amaranth POPS
Angelikawurzel
Apfelmus
Artischocke
Astronautenkost
Austern
Backpulver
Baldrian
Bambussprossen
Banchatee
Barsch
Basilikum
Basilikum (frisch)
Bataviasalat
Beeren der Saison
Berberitzenrindetee
Bitterklee
Blattsalate (bitter)
Blütenpollen
Bockshornklee
Borretsch
Boxhornkleesamen
Brennnessel
Brokkoli
Brombeerblätter
Brösel (Weizenbrot, Semmel)
Brot mit Johannisbrotkernmehl
Brötchen (Semmel)
Buchweizen
Buchweizen (geröstet) Kasha
Bulgur (Getreide)
Butter (halbfett)
Butter Bio
Buttermilch
Calamari
Champignon
Channa-Dal
Chicorée
Chlorella (Süßwasser)
Chrysanthemenblütentee
Couscous
Cumin (Kreuzkümmel)
Dashi
Dinkel
Dinkel Flocken
Dinkel Gries
Dornhai (Seeaal, Schillerlocken)
Dulse (Lappentang)
Eisbergsalat
Endiviensalat
Enzianwurzel
Erdbeere
Estragon
Färberdiestel (Hong Hua)
Feige
Fischstücke gemischt (Süßwasser)
Flunder
Forelle
Früchtetee
Galgant
Gänseblümchen
Garnele
Gelatine weiss
Gelee Royal
Gerste
Gerste (Nacktgerste)
Gerste (Perlgerste)
Gerstengras Pulver
Gerstengraupen

Gerstengrütze
Gerstenmalz
Gerstenmehl
Getreidekaffee
Ginkgofrucht
Ginsengwurzel
Glühweingewürzmischung
Granatapfel
Grüner Tee
Guave
Hafer
Hafer Mehl
Hafer Milch
Hafer Schmelzlocken (Babynahrung)
Hagebutte
Hagebuttentee
Haifisch
Heidelbeere
Heilbutt
Hibiskustee
Hijiki
Himbeerblättertee
Himbeere
Hiobsträne (Samen) YiYi Ren
Hirse
Hirseflocken
Huhn Eiweiß
Hummer
Jasminblütentee
Joghurt (natur, 1,5 % Fett)
Johannisbeere (rot)
Johannisbeere (schwarz)
Johannisbeere (weiß)
Johannisbrotkernmehl
Kabeljau
Kaffeeweißer
Kaktusfeige
Kalmus
Kapuzinerkresse
Karambole/Sternfrucht
Kardamom
Kartoffelmehl
Kefir
Klettenwurzeltee
Knäckebrot
Kohlrabi
Kohlrübe
Kompott (Früchte der Saison)
Kopfsalat
Koriander
Koriandergrün
Krabbe
Krake
Kräuter bittere
Kräuter der Provence
Kräuter verschiedene
Kräuter Wildkräuter
Kuhmilch (1,5 % Fett)
Kukichatee
Kumquat
Kurkuma (Gelbwurz)
Kuzu
Lachs
Languste
Laugengebäck
Lavendelblüten
Leberglättertee
Liebstöckelsamen
Lindenblütentee
Löffelbiskuit
Longane
Lorbeerblatt
Löwenzahn (junger)
Löwenzahnsaft
Löwenzahnwurzeltee
Luohan-Frucht
Lychee
Lychee (Konserve)
Magermilchpulver
Mais
Mais (geröstet)
Mais (Schnellpolenta)
Mais Gries (Polenta)
Mais Mehl (Maizena)
Maishaartee
Maisstärke
Majoran
Malventee
Mangold
Maulbeerfrucht
Meeräsche
Meereskrebs
Melisse
Miesmuscheln
Mineralwasser
Miso
Miso schwarz (fermentiert)
Mispel
Mittelmeerfisch (Kabeljau, Scholle, Schellfisch, Seeaal, Makrele)
Molke
Moosbeere
Muskatnuss
Nelke
Nori, Purpurtang, Rotalge
Nudeln (Weizen) mit Ei
Nudeln (Weizen, Bandnudeln) mit Ei
Nudeln (Weizen, Lasagneblätter) mit Ei

Nudeln (Weizen, Spagetti) mit Ei
Okra
Orangenblüten
Oregano frisch
Oregano getrocknet
Papaya
Passionsblumenblütentee
Passionsfrucht (Maracuja)
Pastinake
Pfefferminze
Pfefferminztee
Pfeilwurzelmehl
Piment
Preiselbeere
Preiselbeermarmelade
Preiselbeersaft
Puddingpulver Vanille
Qualle
Quargel 20%
Quinoa
Quitte
Radicchio
Reis Basmatireis
Reis Duftreis
Reis Gaoliangreis (Sorghum)
Reis Klebreis
Reis Langkornreis
Reis Reisschleim
Reis Roter
Reis Rundkornreis
Reis Sorte beliebig
Reis Süßer
Reismalz
Reismehl
Reisnudeln
Reisstärke
Rettich schwarz
Rettichblätter (vom Wochenmarkt)
Rhabarber
Roggen
Roggenmehl
Römersalat/Lattich-Salat
Rosenblättertee
Rosenblütentee
Rosmarin
Rotbarsch
Rote Grütze (ohne Zucker)
Safran
Sago (Getreide)
Sahne 10% Kaffeesahne
Sahne sauer 10%
Salbei
Sanddorn
Sauerampfer
Sauermilch
Sauerrahm 15% Fett
Sauerteig
Schafgarbe
Schafgarbentee
Schafmilch Joghurt
Schafskäse
Schafsmilch
Schmelzkäse 12%
Schnecke
Scholle
Schwarzwurzel
Schwedenkraut (Schwedenbitter)
Sellerie Stangensellerie
Shrimps
Spitzwegerichtee
Stachelbeere
Sternanis
Stevia (Süßkraut)
Stutenmilch
Süßholzwurzeltee
Süßkartoffel
Süßwasserfisch
Süßwasserkrebs
Teemischung Harnsäuresenkend
Thymian
Thymian getrocknet
Tintenfisch
Topfen (Quark) 20%
Tsampa (geröstetes Gerstenmehl)
Vanille
Vanillepulver
Vanilleschote
Vogelmiere
Vogerlsalat (Pflücksalat)
Wacholderbeere
Wakame
Walderdbeeren
Wasser
Wasser heiss
Weißbrot (Weizenbrot)
Weißbrot Baguette
Weißbrot Brösel (Weizenbrot)
Weißbrot Knödelbrot (Weizenbrot)
Weißbrot Salzstangerl
Weißbrot Semmel
Weißdorn
Weißfischchen
Weißwurz
Weizen
Weizen Bulgurweizen
Weizen Fladenbrot
Weizen Flocken
Weizen Gras Pulver

Weizen Gries
Weizen Gries - Kindergries
Weizen Mehl
Weizengrassaft
Wermutkraut
Wildkräuter
Yamswurzel, Yamswurzelknolle
Yogitee
Ysop
Ziegen- und Schafsmilch
Ziegenkäse
Zimtpulver
Zimtstange
Zitronengras
Zitronenmelisse (frisch)
Zitronenmelisse (getrocknet)
Zuckerersatz (Süßstoff)
Zwieback

4.3 Zutaten verwenden: wenig

Acerola Fruchtnektar oder Pulver
Agar-Agar, Agartang
Agavendicksaft
Ahornsirup
Ananas
Ananas (aus der Dose)
Ananassaft ungezuckert
Apfel (sauer)
Apfel (süß)
Apfelsaft (Naturtrüb)
Aprikosen Marmelade
Avocado
Bärentraubenblätter
Beerensaft
Benediktinerdistel
Birne
Birnensaft
Blumenkohl (Karfiol)
Bohnenöl
Borretschöl
Bratöl
Brombeermarmelade
Buchweizen Vollkorn
Butterschmalz
Cranberries
Datteln getrocknet
Datteln rot
Dinkel Brot
Dinkel Vollkornmehl
Distelöl
Edamer
Eibisch (Hibiscus)
Entenei
Erdbeermarmelade
Erdbeersaftgetränk
Erdnussöl
Essig (Apfelessig)
Essig (Rotweinessig)
Essig Aceto Balsamico
Essig Aceto Balsamico weiss
Fasan
Feige getrocknet
Feta
Fisch Innereien
Fischreste
Fischsouce
Frischkäse
Frischkäse aus Soja
Frischkäse mit Kräuter
Fruchtzucker (Fruktose, Traubenzucker)
Gänseei
Gemüsesaft
Gewürznelke
Gouda
Graskarpfen
Grünkern
Gurke
Gurke (bitter)
Gurke (Gewürzgurke)
Hafer Flocken geröstet
Hafer Schrot
Hammel
Hase
Hase, wild
Hefe
Heidelbeere getrocknet
Heidelbeermarmelade
Heidelbeersaft
Hering
Himbeere getrocknet (unreife)
Himbeermarmelade
Hirsch Fleisch
Hirsch Knochen
Honig
Hopfen
Huhn Ei
Huhn Eigelb
Huhn Fleisch
Joghurt (natur, 3,5 % Fett)
Johannisbeermarmelade (rot)
Johannisbeermarmelade (schwarz)
Johannisbeernektar (schwarz)
Kakao

Kaninchen Fleisch
Kapern (eingelegt)
Kastanien (Maronen)
Kaviar
Kiwi
Kombualge
Korinthen (rot)
Korinthen (schwarz)
Kuhmilch (Vollmilch 3,5 % Fett)
Kürbiskernöl
Lamm Fleisch
Lamm Knochen
Lamm Schulter
Leinöl
Maiskeimöl
Makrele
Malz
Mango
Mangopulver
Mangosaft
Margarine
Margarine (Diät)
Mehrkornbrot (Graubrot)
Mohn
Mozzarella
Nektarine
Obstmischung Fruchtsaft
Olivenöl
Orangenmarmelade
Palmöl
Pferd Fleisch
Pfirsich
Pfirsich (Dose)
Pute Brustfleisch
Pute Schinken
Rapsöl
Reh Fleisch
Rind (Kalb)
Rind Filet
Rind Fleisch
Rind Fleischknochen
Rind Ochsenschwanzstücke
Rind Suppenfleisch
Rosinen
Sahne sauer 20%
Salz
Salz Kräutersalz
Schaffleisch
Schimmelkäse
Schmelzkäse 30%
Schwein Fleisch
Schwein Haxe (Eisbein)
Schwein Schinken
Schwein Schinken gekocht
Schwein Schinken geselcht
Senfsamen
Sesamöl
Soja Tofu
Soja Tofu geräuchert
Sojabohnenmilch
Sojamehl
Soja-Nudeln
Sojaöl
Sojasauce
Sonnenblumenöl
Taube
Taube Ei
Thunfisch
Tomate
Tomatenmark
Tomatenpüre
Tomatensaft
Tonicwasser
Topfen (Quark) 40%
Trauben rot
Trauben weiß
Traubenkernöl
Traubensaft rot
Traubensaft weiß
Trüffel
Umeboshipaste
Vanillezucker natur
Wachtel
Wachtel Ei
Walnussöl
Weizenkeimöl
Wildschwein Fleisch
Ziege
Zucker (Staubzucker)
Zucker (weiß, aus Rüben)
Zucker braun
Zucker Fructose Fruchtzucker
Zucker Glukose Traubenzucker
Zucker Kandis weiß
Zucker Melasse
Zucker Milchzucker
Zucker Palmzucker
Zucker Ursüße (Zuckerrohr) süß

4.4 Kontraindikativ wirkende Lebensmittel nicht verwenden

Aal
Aal geräuchert
Adzukibohnen
Andornkraut
Aprikose
Aprikose getrocknet
Aprikosennektar
Austernpilze
Austernschalenpulver
Bärlauch (Knoblauchspinat)
Bier (alkoholarm)
Bier (alkoholfrei)
Bier (Altbier)
Bier (Pils)
Bitter Lemon
Bitterlikör
Bitterorangenschale
Blätterteig
Bocksdornfrüchte (Fructus Lycii) getrocknet
Bohnen (grün, frisch)
Bohnenkraut
Brie
Brombeere getrocknet (unreife)
Buschbohnen
Butterbohnen weiße
Camembert
Campari
Cashewnüsse
Chenpi (chinesische Mandarinenschale)
Chili (Schote oder gemahlen)
Chinakohl
Clementinen
Colagetränk
Colagetränk (kalorienarm)
Creme fraiche
Curry
Currypaste rot
Eibennuss
Emmentaler
Ente (Frühmastente, schlachtfrisch)
Ente (Herz)
Erbse, grün
Erbsen
Erdnuss (geröstet)
Erdnussbutter
Erdnüsse
Essiggurke
Färberginsterkraut
Fernet Branca (Kräuterbitterlikör)
Flohsamen
Forelle (geräuchert)
Gagelpflaume
Gans
Gans (Gänseklein)
Gans (Gänseschmalz)
Gänseblut
Garam Masala Pulver
Ginsenglikör
Gorgonzola
Grapefruit getrocknete Schale
Grapefruit/Pampelmuse/Pomelo
Grapefruitsaft
Grundrezept für eine Entenbrühe
Hafer Flocken (Vollkorn)
Haselnüsse
Hirsch Nieren
Honigwein (Met)
Huhn Blut
Huhn Herz
Huhn Leber
Huhn Magen
Ingwer frisch
Ingwer Pulver
Ingweröl
Kaffee
Kaki-Pflaume
Kaninchen Leber
Karpfen
Kichererbsen
Kirsche
Kirsche (sauer)
Kirschenkompott
Kirschsaft
Klementine
Knoblauch
Kokosfett
Kokosflocken
Kokosmilch
Kokosnussfleisch
Kokosraspeln
Kürbiskerne
Lamm Leber
Lamm Nieren
Lauch (Porree)
Lauchzwiebel Schnittlauch
Leinsamen
Leinsamen (geschrotet)
Limabohnen

Linsen (Helmbohnen)
Linsen gelb
Linsen rot
Linsen schwarz
Lycheelikör
Malzbier
Mandarine
Mandelmilch
Mandelmus
Mandeln
Mandeln Marzipan
Maniokmehl
Marillen
Marillensaft
Martini
Mayonnaise 50%
Mayonnaise 80%
Mirabelle
Mixed Pickels
Morchel (schwarz, getrocknet)
Mu-Erh-Pilz
Mungbohne
Mungbohnensprossen
Müsli
Nachtkerzenöl
Nierenbohnen (rote)
Nudeln (Vollkorn) mit Ei
Odermennig
Oliven
Oliven grün
Orange
Orange abgeriebene Schale
Orange getrocknete Schale
Orange Schale
Orangensaft
Paprika
Paprika (Rosenpaprikapulver)
Paprika (süß)
Paranuss
Parmesan
Peperoni
Peperoni, gelb, entkernt, halbiert
Peperoni, rot, entkernt, halbiert
Pfeffer Cayenne
Pfeffer Körner
Pfeffer weiss (gemahlen)
Pfifferlinge/Eierschwammerl
Pflaume
Pflaume getrocknet
Pinienkerne
Pintobohnen gesprenkelt
Pistazien
Prosecco
Pumpernickel
Radieschen
Reineclaude
Reis Schwarzer
Reis Vollkorn
Reis Wilder (Naturreis)
Reishi
Rettich (weiß, grün, lila-rot)
Rettich Meerrettich (Kren)
Rind Herz
Rind Herz (Kalb)
Rind Knochenmark
Rind Leber
Rind Lunge (Kalb)
Rind Magen
Rind Niere
Roggen Vollkornbrot
Rosenkohl
Rotkohl
Rotwein
Rum
Sahne sauer 30%
Sahne, süß 30%
Sake
Sardellen/Sardine
Saubohnen (Dicke Bohnen)
Sauerkirsche
Sauerkraut
Schlehdorn
Schnaps
Schokolade
Schokolade (Diabetiker)
Schwarzaugenbohnen
Schwarze Bohnen
Schwarzer Fungu Pilz
Schwarztee
Schwein Blut
Schwein Bratwurst
Schwein Darm
Schwein Fett
Schwein Haut
Schwein Herz
Schwein Hirn
Schwein Leber
Schwein Lunge
Schwein Magen
Schwein Markknochen (Röhrenknochen)
Schwein Mettwurst
Schwein Nieren
Schwein Schinkenspeck
Schwein Schmalz
Seegurke
Senf
Senf Dijon

Senf mittelscharf
Senf süß
Sesam Paste (Tahini)
Sesam, Schwarzer
Sesam, Weißer
Sesamöl geröstet
Sherry
Shiitake, getrocknet
Silbermorchel, getrocknet
Soja Cuisine (Soja-Sahne)
Sojabohne
Sojabohnen, Gelbe
Sojabohnen, Schwarze
Sojabohnen, Schwarze, fermentiert
Sojacreme
Sojapaste (Miso)
Sonnenblumenkerne
Stangenbohnen (Fisolen)
Steinpilz/Herrenpilz
Tabasco
Toastbrot (Vollkorn)
Tomate getrocknet
Umeboshipflaumen (Japanaprikosen)
Vollkornbrot
Vollkornbrot mit ganzen Körner
Vollkornmehl
Walnüsse
Walnüsse geröstet
Weiße Bohnen
Weißkohl/Weißkraut
Weißwein
Weizen Bier
Weizen Mehl Vollkorn
Weizen/Roggen Grau- Schwarzbrot mit Hefe
Weizenkleie
Wermut
Wirsing/Grünkohl
Ziegen- und Schafsblut
Ziegen- und Schafshirn
Ziegen- und Schafsleber
Ziegen- und Schafsmagen
Zitrone
Zitrone Saft
Zitrone Schale
Zitrone, Limette
Zwetschken
Zwiebel Frühlingszwiebel
Zwiebel rot
Zwiebel Schalotte
Zwiebel weiss

5 Komplementär

5.1 Dekokt (Abkochung)

5.1.1 Löwenzahn Wurzel

Lindert Entzündungen, steigert den Gallefluss, regt die Milchproduktion an, stärkt die Magenfunktionen, wirkt fiebersenkend und abschwellend, löst Blutgerinnsel auf, reinigt das Blut.
6-8 Pflanzen 10-14 Tage lang in zwei Dosen auf leeren Magen trinken
Dosierung: bei Leber- und Gallenbeschwerden und der damit verbundenen Anspannung, Übelkeit und Reizbarkeit eine Abkochung mit 6-8 Pflanzen 10-14 Tage lang in zwei Dosen auf leeren Magen trinken; bei geringer Milchbildung Abkochung aus 10 Pflanzen in drei Dosen auf leeren Magen trinken; bei Brusttumoren und damit verbundenen Schmerzen und Schwellungen Abkochung aus 20 Pflanzen in drei Dosen auf leeren Magen trinken. Äußerlich wirkt der Saft der frischen Pflanze als Gegengift auf Schlangenbisse.
Besonderheiten: In der TCM hat der Löwenzahn aufgrund seiner abschwellenden, entstauenden und entgiftenden Wirkung als Heilmittel eine große Bedeutung in der Behandlung von Störungen der weiblichen Geschlechtsorgane, insbesondere der Brüste, sowie bei Leberbeschwerden. Außerdem eignet sich Löwenzahn sehr gut, um nach reichlichem Alkoholgenuss den „Kater" am nächsten Morgen zu vertreiben.
Nicht zu viel davon verwenden, da es leicht zu Diarrhö kommt.

5.1.2 Sonnenhut (Echinacea)

Stärkt Lunge und Magen.
Verwendung: Fertigpräparate
Der bekannte komplementär arbeitende Arzt Dr. Keith Block schreibt Essiac allerdings eine nur schwache Antitumorwirkung zu und vermutet, dass die Heilungsergebnisse des Tees um die Jahrhundertwende wegen der damals deutlich geringeren Belastung der Menschen mit krebserregenden Substanzen möglicherweise um einiges besser ausfielen.

5.2 Heilbad

5.2.1 Bad mit Kamille

Entzündungshemmend, antibakteriell, krampflösend, wundheilungsfördernd. Beruhigender Effekt auf die Psyche.
Für ein Bad können ca. 40-60g getrocknete Kamillen als Sud oder je nach Gebrauchsanweisung Kamillenextrakt verwendet werden.

5.3 Heil-Tee (Aufguss)

5.3.1 Anis

Erhöht die Gallenausscheidung, Positiv bei Herzerkrankungen, Empfehlenswert für die Gallen- und Leberdiät, Mittel gegen Blähungen, kräftigt den Magen, Gute Dienste bei Husten, stimulierend. Asthma, Husten, fördert Milchsekretion.
3 TL pro Tasse
Wirkstoffe: Salizylsäure, Kreosol, Alpha-Pinene, trans-Anethol, fettes Öl, Zucker, Eiweiß.
Ein heißer Aufguss (Infus) wird aufgrund seiner schleimlösenden Wirkung als Hustenmittel auf Grund von krampflösender und blähungstreibender Wirkung auch bei Magen-Darm-Beschwerden, verwendet. Anistee wird daher oft auch mit Fenchel und Kümmel gemischt bei Verdauungsbeschwerden, Blähungen, Koliken und Krämpfen eingesetzt.

5.3.2 Baldrianwurzel

Bei nervösen Reizzuständen, Unruhe, Schlaflosigkeit, Konzentrationsschwäche, nervösem Herzklopfen, nervösen Magen- und Darmerkrankungen.
2 Teelöffel mit 1/4 Liter kaltem Wasser übergießen und 8 Stunden stehen lassen oder mit kochendem Wasser übergießen, 5 bis 10 Minuten ziehen lassen. 2-3 mal täglich lauwarm trinken oder abends 1-2 Tassen warm trinken.

5.3.3 Frauenmantel

Aufgrund seines hohen Gerbstoffgehaltes und seiner adstringierenden Wirkung besitzt der Frauenmantel entzündungshemmende und wundheilende Eigenschaften.
2 Teelöffel getrockneter Tee mit 150 ml siedendem Wasser übergießen. 10 Minuten ziehen lassen und abseihen.
Für einen Tee verwendet man ca. 2 Teelöffel getrocknetes Frauenmantelkraut und übergießt es mit 150 ml siedendem Wasser. Den

Aufguss lässt man 10 Minuten ziehen und seiht ihn dann ab. Den Tee immer frisch zubereiten und trinken. Bei Beschwerden kann der Tee drei- bis fünfmal am Tag getrunken werden. Bei Durchfallerkrankungen sollte auf Zucker im Tee verzichtet werden, da dieser den Durchfall verstärken kann. Frauenmantelkraut ist in der Regel gut verträglich und kann daher über einen längeren Zeitraum verwendet werden.
Eine japanische Studie ergab, dass die Gerbstoffe (Ellagitannine) sogar tumorhemmend wirken können, regelmäßig angewendet kann der Frauenmantel somit gegen weibliche Krebserkrankungen vorbeugen.

5.3.4 Gänsefingerkrautwurzel

Entspannt Krämpfe der glatte Muskulatur (Magenkolik, Darmkolik, Gallenwegkolik, Asthma, Angina pectoris. Lindert Blutungen auch nach der Geburt, fördert die Rückbildung des Uterus. Gut gegen Durchfall besonders mit Krämpfen, Bluthusten, Augenentzündung.
5-10g getrocknete Blätter auf 1 Liter Wasser.

5.3.5 Hirtentäschel

Reduziert Blutungen in Uterus, Verdauungstrakt, im Stuhl, Hämorrhoiden, Hypertonie.
1 TL Kraut mit 250 ml heißem Wasser aufgießen.
Für die Zubereitung des Tees in einer Kanne geben Sie einen Löffel mehr hinzu.
Die Ziehzeit beträgt 15 Minuten (abgedeckt ziehen lassen), anschließend durchseihen.
Die Pflanze verbessert die Blutzirkulation, den Blutdruck und hilft auch bei Blutungen sehr gut. Egal ob im Tee, Bad oder als Umschlag.

5.3.6 Hopfen

Beruhigend, hormonregulierend, appetitanregend, kräftigt Magen und Darm, harntreibend, schmerzlindernd und krampflösend.
Tagesdosis 0,5 g der Zapfen bzw. 1-2 ml der Tinktur. Etwa 0,5 g der zerkleinerten Hopfenzapfen mit siedendem Wasser übergießen und nach 10-15 Minuten durch ein Teesieb gegeben.
Die Hopfenblüten enthalten Lupulin und Harze welche sich zusammensetzen aus Humulonen, Lupolonen und Bitterstoffen wie Hopfenbittersäure und Acylphlorogluciden. Außerdem ein ätherisches Öl sowie diverse Gerbstoffe.

5.3.7 Ringelblumenblüten

Krampflösende Wirkung. Gut bei Hauterkrankungen, Verdauungsstörungen, Schwäche, Hypotonie, Magengeschwüre,

Gastritis, Blutungen im Verdauungstrakt. Menstruationsbeschwerden, Infektionskrankheiten.
Wirkstoffe: Aeth. Öle, Calendula-Sapogenin, Saponine, Glykoside, Caratonoide, Xantophylle, Bitterstoffe, Schleime, Flavonoide, Fermente, org. Säuren.
Die berühmte Ringelblumensalbe heilt Hautausschläge, Wunden, Entzündungen und Krampfadern. Ringelblumentee löst Krämpfe bei Bauchschmerzen und Menstruationsproblemen und er fördert die Gallensekretion.

5.3.8 Rooibos

Antioxidativ, entzündungshemmend, krebshemmend, schützt durch enthaltene Flavonoide, positive Wirkung auch auf Alzheimer, Arteriosklerose. Antiallergisch, hemmt die Histaminausschüttung. Antibakteriell, antiviral, antifungal, entgiftend (basisch).
3-4 Teelöffel Rooibos mit einem Liter kochendem Wasser überbrühen und 6-10 Min. ziehen lassen. Bei weichem Wasser benötigen Sie weniger Tee für die Zubereitung, bei härterem Wasser empfehlen wir eine höhere Dosierung.

5.3.9 Wermut

Gut gegen Appetitlosigkeit, Verdauungschwäche, Magenkrämpfe, Blähungen, Gastritis, Erschöpfung, Reizbarkeit, Medikamenten- und Nahrungsmittelunverträglichkeit, Fieber, Grippale Infekte, Parasiten.
1 TL auf 1/2l Wasser
Wermut - Wird nicht nur verwendet, um Würmer zu eliminieren; er ist außerdem eine höchst wirksame Leber- und Verdauungshilfe. Er ist auch dabei behilflich, Blockaden zu entfernen, die eine träge Menstruation erzeugen. Es ist immer am Besten, dieses Kräutermittel in Verbindung mit anderen Kräutern einzunehmen.
Medizinische Anwendungen: Blutarmut, Arthritis, Blähungen, Kreislauf, Erkältungen, Verstopfung, Depression, Ödeme, Ohrenschmerzen, Fieber, Frauenleiden, Winde, Gallenblase, Gallensteine, Gicht, Herzbrennen, Hepatitis, Gelbsucht, Nierenleiden, morgendliche Übelkeit, Übelkeit, Fettleibigkeit, Parasiten, Rheumatismus, Magenleiden, Würmer.
Eigenschaften: Abortiv wirkend, alterativ, Appetit fördernd, Wurmmittel, antibiotisch, Anti-Depressionsmittel, entzündungshemmend, fiebersenkend, antiseptisch, aromatisch, Bittertonikum, Mittel gegen Blähungen, galletreibend, verdauungsfördernd, Eintritt der Monatsblutung förderndes Mittel, magenstärkend, Wurmmittel.
Nicht in der Schwangerschaft verwenden.

5.4 Komplementäre Anwendung

5.4.1 Akupunktur

Die Akupunktur gehört zu den Nerven oder Organe regulierenden Therapien.
Traditionelle Chinesische Medizin (TCM) bezeichnet meist eine Auswahl von diagnostischen und therapeutischen Verfahren, die im chinesischen Kulturkreis in vielen Jahrhunderten angewandt wurden.
Das chinesische Wort für Akupunktur besteht aus zwei Teilworten, die die Hauptanwendung der Akupunktur beschreiben, nämlich dem Einstechen der Nadel in die Akupunkturpunkte und dem Erwärmen (Moxibustion) der Punkte. Akupunktur in der Ming-Dynastie (1368–1644). Bibliothèque Nationale, Paris. In der Akupunktur wird die Existenz von 361 Akupunkturpunkten angenommen, die auf den Meridianen angeordnet sind. Demnach gibt es zwölf Hauptmeridiane, die jeweils spiegelverkehrt auf beiden Körperseiten paarig angelegt sind, acht Extrameridiane und eine Reihe von so genannten Extrapunkten. Nach Meinung der Anhänger der Traditionellen Chinesischen Medizin wird durch das Einstechen der Nadeln der Fluss des Qi beeinflusst. Die Akupunktur gehört zu den Umsteuerungs- und Regulationstherapien. Noch älter als die Akupunktur ist die Akupressur. Hier werden die Punkte mit Hilfe der Fingerkuppen massiert. Das Konzept der Ohrakupunktur (auch Auriculotherapie genannt) wurde vom französischen Arzt Paul Nogier entwickelt. 1954 berichtete er erstmals in der Deutschen Zeitschrift für Akupunktur über seine Erfahrungen und 1961 stellte er seine Diagnose- und Therapieform auf einem Akupunkturkongress in Deutschland vor. Die Behandlung über das Ohr ist zwar auch aus der chinesischen Akupunktur bekannt, es werden dort jedoch nur wenige Punkte – und diese auch nur selten – verwendet. Daneben besteht noch das Konzept der koreanischen Handakupunktur, bei der die Meridiane fast komplett auf den Händen abgebildet sind, sowie das der Schädelakupunktur mit Abbildung der Meridiane auf den Schädel. Ähnliche Vorstellungen stecken auch hinter der Fußakupunktur.
Heutzutage wird immer öfter von der Krankenversicherung die Akupunktur zur Schmerztherapie angeboten. Auch bei Krankenhausaufenthalten kann eine Therapie in Anspruch genommen werden. Die Therapie kann mit Nadeln aber auch sanfter mit Pflaster selbst während der Chemotherapie durchgeführt werden.

5.4.2 Apitherapie

Die Heilwirkung von Honig, Propolis, Blütenpollen, Gelee Royale und Bienengift: Propolis hat starke antibakteriellen, pilzhemmende und

antiallergischen Eigenschaften und unterstützt dadurch jeden Heilungsprozess.
Das Heilen mit Bienenprodukten ist eine der ältesten Therapieverfahren. Die Heilwirkung von Honig, Propolis, Blütenpollen, Gelee Royale und Bienengift sind lange bekannt. Propolis hat starke antibakteriellen, pilzhemmende und antiallergischen Eigenschaften und unterstützt dadurch jeden Heilungsprozess. Blütenpollen ist aufgrund seines Reichtums an essentiellen Aminosäuren, sekundären Pflanzenstoffen (u. a. Flavonoide), organisch gebundenen Mineralstoffen und Vitaminen ein wichtiges Mittel zur Stärkung der Abwehrkräfte. Das Wachstum von Krebszellen (Neuroblastom) könnte gehemmt werden. Der Wirkstoff Artepillin C soll die Bildung neuer Blutgefäße im Tumor hemmen, was zum Aushungern und damit zur Schrumpfung führen kann. Heute weiß man, dass die Entstehung bestimmter Krebsarten im Zusammenhang mit Viren steht. In dem Propolis seine antivirale Wirkung entfaltet, kann eine krebsvorbeugende und krebshemmende Wirkung entstehen.

5.4.3 Autogenes Training

Diese Technik dient zur Entspannung, Schmerzreduzierung und zur formelhaften Vorsatzbildung.
Diese Technik dient zur Entspannung und zur formelhaften Vorsatzbildung. Durch das bewusste „selbst“-Empfinden wird der Körper entspannt und die Trennwand zwischen Bewusstsein und Unterbewusstsein durchlässiger. Dies ist die beste Voraussetzung, um dann mit persönlichen Formeln auch die seelische Spannungen zu mildern oder gar aufzulösen. Dies alles kann das körperliche und seelische Wohlbefinden deutlich positiv beeinflussen. Dabei werden in Meditation ähnlichen Zuständen seelische oder körperliche Zustände erfahren und versucht zu beeinflussen. Wenn in einem Autogenen Training die Konzentration auf einen Schmerz gerichtet wird, kann dieser durch den Willen zur Linderung eine effektive Linderung verspürt werden. Dabei spielen Regelkreise des Körpers mit, welche als Schutz vor weiteren Beeinflussungen auch dann einen Schmerz verspüren lassen, wenn die Ursache dafür meist schon verschwunden ist. Bei „konzentrativer Selbstentspannung“ können Muskeln gelockert werden. Ich denke, dass Autogenes Training ähnlich wirkt wie eine Selbsthypnose.

5.4.4 Ayur Veda

Ayurveda ist eine Kombination aus empirischer Naturlehre und Philosophie, welche die Ausgewogenheit des Körpers anstrebt. Ayurveda hat einen ganzheitlichen Anspruch, da der ganze Mensch mit

einbezogen wird. Es werden pflanzliche Heilmittel verabreicht, welche eingenommen oder aufgetragen werden. Dadurch werden Organe gestärkt oder eine Entgiftung/Entschlackung angeregt.
Speziell bei Krebs wird das Ungleichgewicht verschiedener Elemente beschrieben und behandelt. Die Methoden der Schulmedizin mit Chirurgie, Strahlentherapien und andere Behandlungsmethoden ähneln denen der Ayurveda in vielen Punkten.

5.4.5 Enzympräparate

Enzyme sind Proteinketten, die biochemische Reaktionen auslösen. Sie könnten Umweltgifte neutralisieren und freien Radikalen, Bakterien, Viren und Pilzen entgegenwirken.
Die Dosierung für eine Therapie und eine Kombination von Präparaten legt der Arzt für jeden Patienten individuell fest.
Bei einer Erkrankung der Bauchspeicheldrüse verschreibt der Arzt Enzympräparate. Hierfür verwendet man Enzyme, die aus der Bauchspeicheldrüse des Hausschweins stammen.
Durch Zufuhr von Enzymkombination geht man davon aus, dass das Immunsystem positiv beeinflusst oder die Entzündungsheilung gegebenenfalls beschleunigt wird.
Die Einnahme von Enzympräparaten löst manchmal allergische Reaktionen aus. In einigen Fällen tritt eine Verdauungsstörung in Form von Blähungen, Übelkeit, Bauchschmerzen, Erbrechen und Durchfall auf.
Keine Enzymtherapie während der Schwangerschaft.

5.4.6 Heilfasten

Das Fasten zählt zu den ältesten Heilmethoden. Entgiftet und baut Immunsystem auf.
Das Fasten zählt zu den ältesten Heilmethoden. In aktuellen Untersuchungen hat sich gezeigt, dass Heilfasten konkret gegen Krebszellen vorgeht und daher eine wichtige Komponente in einer ganzheitlichen Krebstherapie darstellen kann. Es gibt schon seit vielen Jahren mehrere Kliniken, welche die Krebstherapie mit Fastenkuren verbinden und gute Erfolge haben. Die Methode wurde vor mehr als 60 Jahren bereits in Russland angewendet. Da Krebszellen meistens einen sehr hohen Stoffwechsel haben und daher auch viel Energie benötigen, werden beim Fasten auch die Entwicklung gebremst. Grundsätzlich wird beim Fasten auch der Körper von Abfallstoffen gereinigt und dadurch das Immunsystem gestärkt. Die Erfolgsaussichten sind bei den verschiedenen Krebsarten unterschiedlich.
Die Methode des Heilfastens beruht auf der Philosophie, dass durch das Fasten besonders die Krebszellen geschwächt werden. Ich halte diese

Methode nur unter ärztlicher Aufsicht durchführbar. Wenn ein Körper während eines Heilungsprozesses massiv geschwächt wird kann es zu massiven Beeinträchtigungen bei der Wundheilung kommen.

5.4.7 Qi-Gong

Qigong ist eine chinesische Meditations-, Konzentrations- und Bewegungsform zur Kultivierung von Körper und Geist
Qigong ist eine chinesische Meditations-, Konzentrations- und Bewegungsform zur Kultivierung von Körper und Geist, die auch Teil der traditionellen Chinesischen Medizin ist. Auch Kampfkunst-Übungen werden darunter verstanden. Zur Praxis gehören Atemübungen, Körper- und Bewegungsübungen, Konzentrationsübungen und Meditationsübungen der inneren Stille. Die Übungen dienen zur Anreicherung und Harmonisierung des Qi (Physische und Geistige Energie).

5.4.8 Tuina Massage

Unterstützt den Stressabbau, ist Blockaden lösend und Immunsystem stärkend.
Anwendung nach Vereinbarung mit dem Therapeuten.
Nicht bei Tumoren, akute Verletzungen oder Ulzerationen der Haut.

5.4.9 Vitamin B12 Präparate

In Wirkung mit der Hormonbildung, beeinflusst es die Durchblutung, ist am Kohlenhydrat-, Protein- und Fettstoffwechsel beteiligt und trägt zur Blutbildung und zur gesunden Funktion der Nerven bei.
Dosierung nach Rücksprache mit einem Ernährungsberater und nach Herstellerangaben. Am besten auf nüchternen Magen einnehmen, morgens 30 Minuten vor einer Mahlzeit oder 2 Stunden nach einer Mahlzeit.
Das Vitamin wird durch den Darm mithilfe eines bestimmten Eiweißmoleküls aufgenommen.
Überdosierung von Vitamin B12 erhöht das Lungenkrebsrisiko.

5.4.10-Weihrauch

Entzündungshemmend, beruhigend.
Als Räucherwerk oder Salbe oder Dragees

5.5 Speisezugabe

5.5.1 Beifuß

Reduziert Blutungen, lindert Schmerzen. In der Küche wird Beifuß als Gewürz für fettes Essen benutzt. Da er viele Bitterstoffe enthält, kurbelt er die Fettverbrennung an und fördert die Verdauung.
3-10 g
Nicht in der Schwangerschaft verwenden.

5.5.2 -Gelbwurz (Kurkuma)

Fördert die Entleerung der Gallenwege, gut gegen Magen-Darmbeschwerden. Antioxidativ, antiviral, antibakteriell und entzündungshemmend.
Für eine tägliche, dauerhafte Einnahme, kann Kurkuma zu Kartoffelpüree, Milchspeisen, Suppen oder Soßen beigemengt werden.
Wirkstoffe: äth. Öl, Bitterstoffe, Curcumin, Stärke

Gelbwurz oder Tumeric - Hat beeindruckende Erfolge bei der Behandlung von Karzinogenen und Mutagenen bei Labortieren erzielt. Konzentrierter Gelbwurz zeigte ein Vermehrung der Glutathion S-Transferase-Enzyme, die für das Leben und die Leberentgiftung von wesentlicher Bedeutung sind.
Medizinische Anwendungen: Amenorrhoea, Blutarmut, Arthritis, Asthma, Blutgerinnsel, Krebs, Candida, Katarrh, aufbauend, Husten, Ruhr, Dysmenorrhöe, Ekzeme, Winde, Gallenblasen-Erkrankungen, Gallensteine, Gastritis, Herzleiden, Hepatitis, zu hohem Cholesterinspiegel, Verdauungsstörungen, reizbarem Darm, Gelbsucht, Leberentgiftung, Schutz der Leber, Übelkeit, Fettleibigkeit, Rachenkatarrh, Hautkrankheiten, einschließlich parasitischer Hautinfektionen, Traumata, Harnwegskrankheiten, Tumore an der Gebärmutter.
Eigenschaften: Alterativ, schmerzlindernd, antibiotisch, anti-koagulant (hemmt Blutgerinnung) antifungal, entzündungshemmend, antioxidierend, antiseptisch, aromatisch, adstringierend, galletreibend, kreislaufanregend, verdauungsfördernd, den Eintritt der Monatsblutung förderndes Mittel, leberstärkend, Stimulans, unterstützt die Wundheilung.
Bei Verschluss der Gallenwege oder Gallensteinen sollte man auf Kurkuma verzichten.

5.5.3 Leinsamen

Gut gegen Verstopfung, trockener unproduktiver Husten, Gastritis, Divertikulitis und lokale Hautentzündungen.
2–3 EL ganze Leinsamen mit ½ l Wasser 10 Min. köcheln und weitere 20 Min. quellen und abkühlen lassen. In heißen Getränken, Suppen, warmen Speisen einnehmen.
Die Verdauungswirkung wird erheblich verstärkt, wenn die Samen gut gekaut werden. Für Kinder von 6–12 Jahren die Dosis halbieren.

5.6 Verschiedene Möglichkeiten

5.6.1 Aloe Vera (Echte Aloe)

Äußerlich: beruhiget die Haut. Als Dekokt: Beruhigt die Leber, mindert Fieber; wirkt mild abführend, leitet die radikale Darmentleerung ein; stärkt Magenfunktion; reguliert Menstruation; keimtötend und kühlend
Zur Magenstärkung 0,1 - 0,2 g. Als mildes Abführmittel 0,3 - 0,6 g. Zur radikalen Darmentleerung 0,8 - 1,0 g.
Aufguss mit 250 ml. Kochendem Wasser
Zur äußerlichen Anwendung reiben Sie ein wenig frisch gepressten Saft unverdünnt direkt auf das betroffene Hautareal.
Nicht anwenden bei: Kindern, die zu Leere-Kälte-Symptomen neigen (sehr blass, zart, anfällig für Erkältungskrankheiten); Darmverschluss, Schwangerschaft und Stillzeit; Erwachsene sollten die oben angegebene Dosierung nicht überschreiten.

Zur Magenstärkung 0,1-0,2g. Als mildes Abführmittel 0,3-0,6g. Zur radikalen Darmentleerung 0,8-1,0g. Äußerlich frisch gepressten Saft unverdünnt einreiben.
Nicht anwenden bei: Kindern, Darmverschluss, Schwangerschaft und Stillzeit. Dosierung nicht überschreiten.

5.6.2 Aromatherapie

Aromatherapie ist die Behandlung von Befindlichkeitsstörungen und Erkrankungen mit ätherischen Ölen oder Räucherwerk.
Je nach Entscheidung des Therapeuten.
Aromatherapie ist die Behandlung von Befindlichkeitsstörungen und Erkrankungen mit ätherischen Ölen oder Räucherwerk. Sie ist Bestandteil der Phytotherapie (Pflanzenheilkunde) und Teil komplementärmedizinischer Methoden. Der Geruchssinn wird angesprochen; dies führt zu altbekannten Reaktionen. Ätherische Öle können eine direkte Wirkung auf die Organe haben. Lavendelöl soll zum Beispiel beruhigend wirken, Thymian aktivierend, Jasmin öl sei

antidepressiv, Orangen- und Zitronenöl sollen die Stimmung aufhellen. Heutzutage werden begleitend zur Schulmedizin selbst in Spitälern, Pflegeheimen und Hospizen die beruhigenden und entspannenden Wirkungen gerne genutzt. Bei manchen Präparaten ist auch eine antibakterielle Wirkung nachgewiesen, welche begleitende genutzt werden kann.

5.6.3 Koriander

Die ätherischen Öle wirken appetitanregend, verdauungsfördernd, krampflösend und lindernd bei Magen- und Darmleiden.
3-6 g
Wirkstoffe: Gerbstoffe, äth. Öl, Vitamin C, Sitosterin, Eiweiß
Wenn Masern oder Windpocken schon ausgebrochen sind, nicht verwenden. Nicht überdosieren.

5.6.4 Rhabarbawurzel

Laxierend, gut bei Gastritis und Magengeschwüre. Regt Verdauung an.
Wirkstoffe: Anthrachinon, Antrachinonderivate, Gerbstoffe
Rhabarberwurzel stimuliert die Leber und die Gallengänge. Obwohl sie ein Abführmittel ist, verhindert sie Durchfall. Sie reinigt die Schleimschichten im Verdauungssystem und unterstützt die Entfernung von Ablagerungen. Rhabarber ist ein wichtiger Leber- und Darmreiniger. Mit seinem hohen Gehalt an Vitamin A, B-Komplex und Kalzium unterstützt er den Wiederaufbau des Verdauungssystems und reduziert den Blutdruck sowie Entzündungen.
Als lokale Anwendung bei Entzündung des Mund- und Rachenraumes oder Fieberblasen.
Bei Dauergebrauch ist Kaliumverlust möglich. Wurzel nicht bei Schwangerschaft, Darmverschluss oder unter 12 Jahren verwenden!

6 Grundlagen der Ernährung

Die hier beschriebenen Grundlagen der Ernährung zeigen allgemeine Empfehlungen und beziehen sich nicht auf eine spezielle Therapieform. Die Empfehlungen der Therapie haben Vorrang.

6.1 Ernährung

Die regelmäßige Einnahme von Mahlzeiten in entspannter Atmosphäre. Ein wärmendes Frühstück gilt als guter Start in den Tag.
Mittags sollte die Hauptmahlzeit stattfinden - das Abendessen am frühen Abend.

Die Beachtung von Hunger- und Sättigungsgefühlen: Nicht überessen und nicht hungern, so lautet die Regel.

Die frische Zubereitung der Speisen aus naturbelassenen, regionalen Produkten. Tiefgekühlte, hitzekonservierte, industriell vorgefertigte oder mikrowellengegarte Lebensmittel werden gemieden.

Die Auswahl von Lebensmittel nach der Jahreszeit: Im Sommer mehr kühlende Nahrung, im Winter mehr wärmende Nahrung.

Mindestens zweimal am Tag Gekochtes essen. Speisen und Getränke sollen möglichst handwarm, niemals eiskalt oder heiß sein.

Rohkost, kurz gegartes Gemüse, frisch gepresste Säfte und Mineralwasser werden üblicherweise nicht empfohlen. Milch und Milchprodukte stehen nur dann auf dem Speiseplan, wenn sie problemlos vertragen werden.

Therapeutische Rezepte nicht über einen längeren Zeitraum ohne Rücksprache mit dem Arzt oder Therapeuten einnehmen.

1. Vielseitig essen
Lebensmittelvielfalt genießen. Merkmale einer ausgewogenen Ernährung sind abwechslungsreiche Auswahl, geeignete Kombination und angemessene Menge nährstoffreicher und energiearmer Lebensmittel. (Einerseits Schutz vor Unterversorgung mit essentiellen Nährstoffen und andererseits Schutz vor einer überhöhten Zufuhr unerwünschter Inhaltsstoffe.)

2. Reichlich Getreideprodukte - und Kartoffeln
Brot, Nudeln, Reis, Getreideflocken (am besten aus Vollkorn), sowie

Kartoffeln enthalten kaum Fett, aber reichlich Vitamine, Mineralstoffe, Spurenelemente sowie Ballaststoffe und sekundäre Pflanzenstoffe. Diese Lebensmittel sollten mit möglichst fettarmen Zutaten verzehrt werden.

3. Gemüse und Obst - Nimm "5" am Tag ...
5 Portionen Gemüse und Obst am Tag, möglichst frisch, nur kurz gegart, oder auch eine Portion als Saft – idealerweise zu jeder Hauptmahlzeit und auch als Zwischenmahlzeit: Damit werden reichlich Vitamine, Mineralstoffe sowie Ballaststoffe und sekundären Pflanzenstoffe (z.B. Carotinoiden, Flavonoiden) zugeführt. Das Beste, was man für die eigene Gesundheit tun kann.

4. Täglich Milch und Milchprodukte, ein- bis zweimal in der Woche
Fisch; Fleisch, Wurstwaren sowie Eier in Maßen. Diese Lebensmittel enthalten wertvolle Nährstoffe, wie z.B. Calcium in Milch, Jod, Selen und Omega-3-Fettsäuren in Seefisch. Fleisch ist wegen des hohen Beitrags an verfügbarem Eisen und an den Vitaminen B1, B6 und B12 vorteilhaft. Mengen von 300 - 600 g Fleisch und Wurst pro Woche reichen hierfür aus. Fettarme Produkte bevorzugen, vor allem bei Fleischerzeugnissen und Milchprodukten.

5. Wenig Fett und fettreiche Lebensmittel
Fett liefert lebensnotwendige (essenzielle) Fettsäuren und fetthaltige Lebensmittel enthalten auch fettlösliche Vitamine. Fett ist besonders energiereich, daher kann zu viel Nahrungsfett Übergewicht fördern, möglicherweise auch Krebs. Zu viele gesättigte Fettsäuren fördern langfristig die Entstehung von Herz-Kreislauf-Krankheiten. Pflanzliche Öle und Fette bevorzugen (z.B. Raps-, Oliven- und Sojaöl und daraus hergestellte Streichfette). Auf unsichtbares Fett achten, das in Fleischerzeugnissen, Milchprodukten, Gebäck und Süßwaren sowie in Fast-Food- und Fertigprodukten meist enthalten ist. Insgesamt 70 - 90 Gramm Fett pro Tag reichen aus.

6. Zucker und Salz in Maßen
Nur gelegentlich Zucker und Lebensmittel, bzw. Getränke verzehren, die mit verschiedenen Zuckerarten (z.B. Glucose Sirup) hergestellt wurden. Kreativ mit Kräutern und Gewürzen und wenig Salz würzen. Jodiertes Speisesalz bevorzugen.

7. Reichlich Flüssigkeit
Wasser ist absolut lebensnotwendig. Jeden Tag rund 1-2 Liter Flüssigkeit trinken. Wasser (ohne oder mit Kohlensäure) und andere kalorienarme Getränke bevorzugen. Alkoholische Getränke sollten nicht konsumiert

werden.

8. Schmackhaft und schonend zubereiten
Die jeweiligen Speisen bei möglichst niedrigen Temperaturen garen, soweit es geht kurz, mit wenig Wasser und wenig Fett - das erhält den natürlichen Geschmack, schont die Nährstoffe und verhindert die Bildung schädlicher Verbindungen.

9. Sich Zeit nehmen und das Essen genießen
Bewusstes Essen hilft, richtig zu essen. Auch das Auge isst mit. Sich beim Essen Zeit lassen. Das macht Spaß, regt an, vielseitig zuzugreifen und fördert das Sättigungsempfinden.

10. Auf das Gewicht achten und in Bewegung
Ausgewogene Ernährung, viel körperliche Bewegung und Sport (30 bis 60 Minuten pro Tag) gehören zusammen. Mit dem richtigen Körpergewicht fühlt man sich wohl und fördert die Gesundheit.
Thermik, Wirkrichtung, Verdauungskraft
Es gibt unterschiedliche Kriterien, die Wirksamkeit von Kräutern und Lebensmittel zu beurteilen. Der Einsatz der Kräuter und Zutaten basiert auf Beobachtung, was die Lebensmittel, Kräuter und Gewürze nach ihrem Verzehr im Körper bewirken. In der Medizin hat sich daraus folgendes System entwickelt: Jede Zutat oder Kraut hat eine Wirkrichtung. Außerdem gibt es noch Kräuter, die eine besondere Wirkung auf bestimmte Organe haben.

Voraussetzung für einen gesunden Stoffwechsel ist es, darauf zu achten, dass wir ausreichend Energie aus der Nahrung gewinnen und der Verdauungsprozess so wenig Energie wie möglich verbraucht. Eine bekömmliche Mahlzeit macht zufrieden und satt, verursacht keine Blähungen und keine Müdigkeit nach dem Essen. Richtiges Würzen erhöht die Bekömmlichkeit unserer Speisen. Es genügen oft schon geringe Mengen an Kräutern und Gewürzen. Sie dienen nicht dazu, uns satt zu machen, sondern helfen unseren Verdauungsorganen, die Nahrung zu verdauen.

6.2 Rezepte

Die Rezepte zeigen Ihnen welche Zutaten verwendet werden sowie mit der Kochanleitung wie diese zubereitet werden. Bei den Zutaten wird neben den Mengenangaben auch die Wichtigkeit für die Therapie angezeigt. Wenn dabei angezeigt wird "weniger als angegeben" versuchen Sie diese Empfehlung einzuhalten oder eine Alternative aus der Liste der "Empfohlenen Lebensmittel" zu finden. Meistens ist es nur eine leichte geschmackliche Änderung wenn Sie diese Zutat gänzlich weglassen.

Schonende Kochmethoden: Kochen, dämpfen, pochieren, dünsten
Scharfe Kochmethoden: Grillen, rösten, anbraten, räuchern
Ausgeglichene Kochmethoden: Frittieren, Römertopf

Auf das Einfrieren und erwärmen in der Mikrowelle sollte verzichtet werden (Denaturierung).

6.3 Lebensmittel

Lebensmittel wirken wie Heilkräuter auf Körper und Geist, nur wesentlich sanfter. Die Ernährungsberatung stützt sich hauptsächlich auf heimische Lebensmittel. Das Wissen über die Wirkungsweisen jedes einzelnen Lebensmittels und das Wissen wann welche Lebensmittel zur Anwendung kommen, entstammt der Schulmedizin. Verwende Sie möglichst Erzeugnisse aus ökologischen-biologischem Landbau.

Da wegen der besseren Verdaulichkeit grundsätzlich alles lange gekocht und kaum roh gegessen wird, ist die Verträglichkeit hervorragend.

Die Einteilung der Lebensmittel entsprechend ihrer Wirkung auf den Körper und bildet die Basis, um einen ausgewogenen und harmonischen Gesundheitszustand im Körper zu erreichen.

Grundsätzlich empfiehlt die Ernährungsberatung keine bestimmten Lebensmittel für Jedermann. Ausschlaggebend für den individuellen Speiseplan ist vor allem die persönliche Konstitution.

Kaufen Sie nur frisches und reifes Obst und Gemüse ein. Braune Stellen, welke Blätter aber auch unreifes Obst und Gemüse sollten Sie im Supermarkt zurücklassen. Greifen Sie dann zu Tiefkühlware (keine Fertiggerichte!). Tiefkühlobst und -gemüse werden kurz nach dem Ernten schockgefroren und enthalten deshalb oftmals mehr Vitamine und Mineralstoffe, als die Ware aus der Obst- und Gemüsetheke! Konserven- und Dosenware dagegen enthält wesentlich weniger Biostoffe. Zudem werden Letztere meist mit Salz, Zucker usw. angereichert. Lassen Sie die Zutaten nach dem Waschen nie im Wasser liegen, denn so gehen viele Vitalstoffe ins Wasser über! Putzen Sie Salate, Früchte und Gemüse erst unmittelbar vor Verzehr.

Beachten Sie bitte die hygienische Verarbeitung der Lebensmittel. Waschen Sie Ihre Salate, Früchte und Gemüse gründlich. Bei Gerichten mit Fleisch bereiten Sie zuerst die Zutaten vor und verarbeiten dann die Fleischprodukte. Reinigen Sie danach die Arbeitsflächen und Werkzeuge besonders gründlich. Holzunterlagen sollten regelmäßig mit leichtem Desinfektionsmittel behandelt werden um die Keimbildung einzuschränken.

Bewahren Sie Obst und Gemüse möglichst getrennt voneinander auf. Auch geerntete Früchte und Gemüse leben und strömen z.B. Ethylengas aus, das andere Sorten schneller reifen und altern lässt. Fleisch und Fisch in der verschlossenen Verpackung lassen oder in luftdichten Boxen im Kühlschrank aufbewahren.

6.4 Kräuter

Bei der Aufbewahrung und Lagerung von Heilkräutern, müssen gewisse Grundregeln beachtet werden. Grundsätzlich müssen Heilkräuter geschützt vor direkter Sonneneinstrahlung, vor Feuchtigkeit und vor heißen Temperaturen gelagert werden.

Als Gefäße für die Lagerung von Heilkräutern können Gläser, Keramik-Behälter und zur Not auch Plastik-Dosen eingesetzt werden. Plastik ist aber ein sehr unreines Material und sollte daher wirklich nur eine kurzfristige Notlösung sein. Bei Glasbehältern ist darauf zu achten, dass dunkles Glas verwendet wird.

Heilkräuter können nicht beliebig lange aufbewahrt werden. Die Haltbarkeit von Heilkräutern ist auf jeden Fall begrenzt. Durch die Haltbarkeitsdauer kann durch sachgerechte Lagerung wesentlich erhöht werden. So soll der Lagerplatz dunkel, eher kühl und absolut trocken sein. Ein Medizinschrank aus Holz, der nicht direkt bei einer Wärmequelle platziert ist wäre ideal. Um Ihre Heilkräuter nicht wegwerfen zu müssen, kaufen Sie nicht zu große Mengen an Heilpflanzen. Beschriften Sie die Behälter mit dem Namen des Heilkrauts und dem Datum der Ernte bzw. der Verarbeitung.

7 Weitere Ernährungsvorschläge

Folgende Syndrome der Diätetik, der TCM oder als Therapieergänzung bei Krebs sind verfügbar.

DIÄTETIK

1. Ernährung des Säuglings - Beikost
2. Ernährung in der Stillzeit
3. Ernährung im Alter
4. Ernährung von Kindern und Jugendlichen
5. Ernährung von Sportlern
6. Leichte Vollkost
7. Schwangerschaft
8. Vollkost

Eiweiß und Elektrolyt – Nieren

9. (Hämo-)Dialysebehandlung
10. Akutes Nierenversagen
11. Chronische Niereninsuffizienz
12. Nephrotisches Syndrom
13. Nierensteine (Nephrolithiasis)

Gastrointestinaltrakt - Bauchspeicheldrüse

14. Akute Pankreatitis (Entzündung der Bauchspeicheldrüse)
15. Chronische Pankreatitis (Entzündung der Bauchspeicheldrüse)

Gastrointestinaltrakt - Dünndarm und Dickdarm

16. Akute Obstipation (Verstopfung)
17. Chronische Obstipation (Verstopfung)
18. Colon irritabile
19. Divertikulitis
20. Erworbene Laktoseintoleranz (Laktosemalabsorption)
21. Fruktosemalabsorption
22. Glutensensitive Enteropathie (Zöliakie)
23. Kolektomie
24. Kurzdarmsyndrom

Gastrointestinaltrakt - Leber, Gallenblase, Gallenwege

25. Akute und chronische Hepatitis (Entzündung der Leber)
26. Cholelithiasis (Gallensteine)
27. Fettleber
28. Leberzirrhose

Gastrointestinaltrakt - Magen und Zwölffingerdarm

29. Akute Gastritis
30. Chronische Gastritis
31. Magenblutung
32. Ulcus ventriculi und Ulcus duodeni
33. Zustand nach Magenoperation

Gastrointestinaltrakt - Mundhöhle und Speiseröhre

34. Mundschleimhautentzündung
35. Ösophaguskarzinom (Speiseröhrenkrebs)
36. Reflüxösophagitis (Sodbrennen)

spezielle Krankheiten

37. Phenylketonurie (PKU)
38. Rheumatische Gelenkserkrankungen

Stoffwechsel
39. Adipositas (Übergewicht)
40. Diabetes mellitus
41. Essstörungen (Untergewicht)

Fettstoffwechsel
42. Hypercholesterinämie (erhöhter Cholesterinspiegel)
43. Hepatische Enzephalopathie

Herz- und Kreislauf
44. Arteriosklerose (Arterienverkalkung)
45. Herzinsuffizienz
46. Hypertonie (Bluthochdruck)
47. Hyperurikämie und Gicht

veränderter Nährstoffbedarf
48. bei Fieber
49. bei malignen Erkrankungen
50. nach Verbrennungen
51. Strahlen- und Chemotherapie

KREBS
100. Bauchspeicheldrüse
101. Blasenkrebs
102. Blutkrebs (Leukämie)
103. Brustkrebs
104. Darmkrebs
105. Magenkrebs
106. Nierenkrebs
107. Speiseröhrenkrebs

TCM
200. Blase - Feuchte Hitze in der Blase
201. Blase - Feuchtigkeit und Kälte in der Blase
202. Blase - Leere und Kälte in der Blase
203. Dickdarm - äussere Kälte befällt den Dickdarm
204. Dickdarm - Feuchte Hitze im Dickdarm
205. Dickdarm - Hitze blockiert den Dickdarm II akut
206. Dickdarm - Trockenheit des Dickdarms
207. Dickdarm - Yang Mangel (Kälte)
208. Herz - Blut Mangel
209. Herz - Blut Stagnation
210. Herz - Feuer
211. Herz - Heisser Schleim verstopft die Herzporen
212. Herz - Kalter Schleim verstopft die Herzporen
213. Herz - Qi Mangel
214. Herz - Yang Mangel
215. Herz - Yin Mangel
216. Leber - aufsteigender Leber-Yang
217. Leber - Blut-Mangel
218. Leber - Blut-Stagnation
219. Leber - feuchte Hitze in Leber und Gallenblase
220. Leber - Feuer
221. Leber - Gallenblase Qi-Leere
222. Leber - Kälte im Lebermeridian
223. Leber - Qi-Stagnation

224. Leber - Wind
225. Leber - Wind mit aufsteigendem Leber Yang
226. Leber - Wind mit Blutleere
227. Leber - Wind mit extremer Hitze
228. Lunge - Qi Mangel
229. Lunge - Schleim-Feuchtigkeit in der Lunge
230. Lunge - Schleim-Hitze in der Lunge
231. Lunge - Schleim-Kälte in der Lunge
232. Lunge - Trockenheit der Lunge
233. Lunge - Wind-Hitze befällt die Lunge
234. Lunge - Wind-Kälte befällt die Lunge
235. Lunge - Yin Mangel
236. Magen - Blutstagnation
237. Magen - Feuer
238. Magen - Magenkälte mit Flüssigkeit
239. Magen - Nahrungsstagnation
240. Magen - Qi Mangel
241. Magen - rebellierendes Magen Qi
242. Magen - Yin Leere
243. Milz - Hitze und Feuchtigkeit befällt die Milz
244. Milz - Kälte und Feuchtigkeit befällt die Milz
245. Milz - Qi Mangel
246. Milz - Qi Mangel + Absinkendes MilzQi
247. Milz - Qi Mangel + Milz kontrolliert das Blut nicht
248. Milz - Yang Mangel
249. Niere - Herz und Niere kommunizieren nicht mehr
250. Niere - Jing Mangel
251. Niere - Nieren können das Qi nicht empfangen
252. Niere - Qi ist nicht fest
253. Niere - Yang Mangel
254. Niere - Yin Mangel